RAZAS DE PERROS

Breve guía de estudio e identificación

RAZAS DE PERROS

Breve guía de estudio e identificación

Joan Palmer

Traducción de Lucía Guzmán

editorial
Zendrera Zariquiey

Editorial Zendrera Zariquiey, Barcelona, 1996
Sant Gervasi de Cassoles, 79, 08022 Barcelona, Tel.: (93) 211 11 46

ISBN: 84-89675-03-1

Traducción: Lucía Guzmán
Producción: Addenda, s.c.c.l., Pau Claris, 92, 80010 Barcelona

Printed in Singapore by Star Standard Industries Pte. Ltd.

CONTENIDOS

INTRODUCCIÓN

Sabemos, desde hace más de 2000 años que, seleccionando razas,
se pueden obtener perros no sólo del color y tamaño deseados, sino que,
además, posean unas cualidades innatas; por ejemplo, un fuerte instinto
guardián o una gran agudeza visual. Con la ayuda de esta guía ilustrada, ahora
puedes aprender a reconocer los diferentes aspectos físicos y psíquicos
de más de 100 razas caninas.

Estructura y terminología
Se ha desarrollado un vocabulario especial
para generalizar la descripción mundial de
razas caninas.

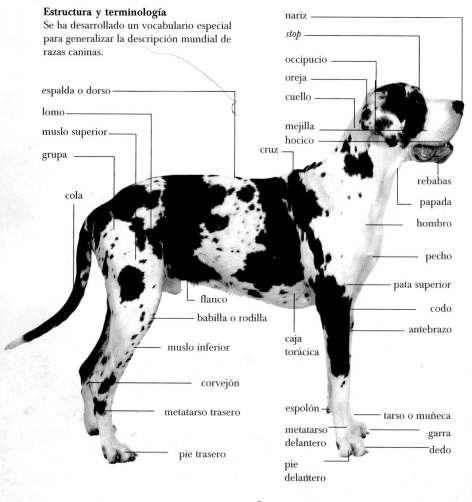

nariz

stop

occipucio

oreja

cuello

mejilla

hocico

espalda o dorso

lomo

muslo superior

grupa

cruz

cola

rebabas

papada

hombro

pecho

pata superior

codo

antebrazo

flanco

babilla o rodilla

muslo inferior

caja
torácica

corvejón

metatarso trasero

espolón

tarso o muñeca

metatarso
delantero

garra

dedo

pie trasero

pie
delantero

CABEZA

Hay tres tipos básicos de cráneos, que, a su vez, se dividen en subtipos. Ocho típicos subtipos, descritos en la sección de Identificación de perros, se ilustra a continuación. La cabeza que no corresponde a ningún modelo de los aquí descritos, es la denominada *tosca*.

Amanzanada

Equilibrada

Cuadrangular

Fina o refinada

Ovalada

Tipo nutria

Aperada

Rectangular

OREJAS

Las orejas de los perros se describen en función de su forma y de la manera como cuelgan de su cabeza. La palabra *disposición* hace referencia a la situación de la oreja en relación con el nivel de los ojos y/o con el ancho del cráneo. Nueve tipos básicos de orejas son ilustrados a continuación.

Tipo murciélago

Tipo solapa o abotonadas

OREJAS
(continuación)

Caídas

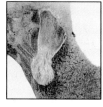

Forma de avellana

Encapuchadas

Tipo sabueso

Erguidas

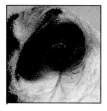

Tipo rosa o arrosadas

Semicaídas

COLAS

Los nombres atribuidos a las colas se dan en razón de su longitud, forma, posición y pelo que las recubre. La posición de la cola se refiere a la manera en que se asienta en el dorso; considerando que la cola está *asentada* en referencia a su posición: alta, baja, etc.

De cola corta

Cola bandera

Cola de rizo

Cola tipo nutria

Cola tornillo

Cola hoz

Cola puntiaguda

Cola dura

COLORES

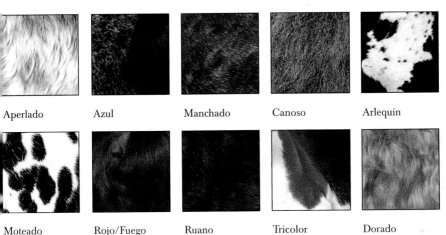

| Aperlado | Azul | Manchado | Canoso | Arlequín |

| Moteado | Rojo/Fuego | Ruano | Tricolor | Dorado |

Alrededor de 45 razas, en total, carecen de cola o la tienen recortada o amputada. La operación es realizada por un veterinario especializado en cirugía.

Cola enroscada

Cola sable

Cola tipo ardilla

Cola látigo

CÓMO USAR ESTA GUÍA

La razas están clasificadas por grupos: perros de compañía, razas de trabajo, perros cazadores, perros rastreadores, terriers y perros miniatura. Dentro de cada grupo los perros se dividen según los países de los que proceden y su difusión, desde América del Norte, de Oeste a Este, alrededor del mundo.

CÓDIGO DE SÍMBOLOS

Estos símbolos nos ofrecen una visión general de los cuidados que requiere cada raza. Las cuatro categorías: alimentación, cuidados, espacio y ejercicio, se distribuyen en cuatro casillas. En el apartado *Ejercicio*, por ejemplo, una casilla coloreada indicará que requiere poco ejercicio, cuatro casillas coloreadas indicarán la necesidad de mucho ejercicio.

| Alimentación | Cuidados | Espacio | Ejercicio |

BULLDOG INGLÉS

BOSTON TERRIER

El bulldog es una raza muy antigua, fue concebida para luchar contra toros, en torno al siglo XIII.

PELAJE Corto, suave y tupido.
COLOR Color uniforme o con hocico negro; rojo, rojo manchado, atigrado o abigarrado; el color negro no es el deseado para exhibiciones.
CARACTERÍSTICAS Cabeza de gran tamaño; ojos tristes y bajos; orejas cortas y altas; hombros de buena envergadura e inclinados; cola baja que tanto puede ser recta como del tipo tornillo.
TAMAÑO Alzada 31-36 cm (12-14 in). Peso: machos 23-25 kg (50-55 lb), hembras 18-23 kg (40-50 lb).
CUIDADOS Necesita un cepillado diario y un frotado en seco con un paño para que el pelaje adquiera brillo. No forzar sus posibilidades físicas en climas cálidos.
TEMPERAMENTO Afectuoso y bonachón.

Deriva de un cruce entre bulldog y terrier, el boston fue importado por EE.UU. en el siglo XIX.

PELAJE ·Corto y suave.
COLOR Abigarrado (atigrado) con manchas blancas, y negros con manchas blancas.
CARACTERÍSTICAS Complexión compacta y de un gran equilibrio. Cabeza cuadrangular, aplanada en la parte superior; ojos grandes y redondos, bastante distanciados; mandíbulas anchas y cuadrangulares; orejas erguidas situadas en los bordes del cráneo; pecho ancho; cola corta y baja.
TAMAÑO Alzada: 38-43 cm (15-17 in). Peso: no sobrepasa los 11,5 kg (25 lb).
CUIDADOS Fácil de cuidar, requiere pocas atenciones.
TEMPERAMENTO Vivaz, inteligente, pero algo terco.

DÁLMATA

Debe su nombre a la región de Dalmacia, en la costa Adriática, el dálmata se estableció en el Reino Unido, donde era popular como perro que acompañaba, trotando, a los carruajes, hacia 1800.

PELAJE Corto, fino, denso y tupido; brillante y de apariencia pulcra y aseada.
COLOR Blanco puro con manchas negras o de color hígado. Las manchas de las extremidades son más pequeñas que las del resto del cuerpo.
CARACTERÍSTICAS Hocico alargado y de cráneo aplanado; ojos ligeramente distanciados; orejas de tamaño mediano y altas; pecho profundo; cola larga que suele llevar curvada hacia arriba.
TAMAÑO Alzada hasta la cruz: 48-58 cm (19-23 in). Peso: 23-25 kg (50-55 lb).
CUIDADOS Requiere mucho ejercicio y un cepillado diario; tiende a perder pelos blancos.
TEMPERAMENTO Cariñoso y despierto. Inteligente y afable.

BULLDOG FRANCÉS

Descendiente de pequeños bulldogs, pero no se sabe con seguridad si se originaron de una camada española o inglesa; el bulldog francés se covierte en una raza popular a principios del siglo XX.

PELAJE Corto, suave y de textura delicada.
COLOR Manchado, de varios colores o de tono cervato-rojo.
CARACTERÍSTICAS Cabeza cuadrangular, grande y ancha; ojos oscuros y bastante separados; peculiares orejas de tipo murciélago, altas y erguidas; cuerpo corto, musculoso y redondeado; cola muy corta, pero no recortada.
TAMAÑO Alzada: 30 cm (12 in). Peso: machos alrededor de 12,5 kg (28 lb), hembras 11 kg (24 lb).
CUIDADOS Cepillado diario; es necesario frotarle el pelaje en seco para que brille. Los pliegues faciales suelen necesitar ser lubricados para prevenir posibles inflamaciones.
TEMPERAMENTO Dócil, afectuoso, cariñoso y valiente.

SCHNAUZER MEDIANO

El mediano es la más antigua de las tres variedades de schnauzers conocidos. Se ignoran sus orígenes precisos; aun así, parece descender de perros vaqueros y data, por lo menos, de hace 500 años.

PELAJE Duro, fuerte y áspero.

COLOR Negro puro (con manchas blancas en la cabeza, pecho y extremidades, característica no deseada para perros de exhibición) o el «sal y pimienta», es decir, negro-gris.

CARACTERÍSTICAS Cabeza fuerte y bastante alargada; ojos oscuros y ovalados; orejas acicaladas, pecho moderadamente ancho; la cola asentada y en alto, es recortada por su tercera articulación.

TAMAÑO Alzada hasta los hombros: machos 46-49 cm (18-19,5 in), hembras 44-46 cm (17,5-18 in). Peso: alrededor de 15 kg (33 lb).

CUIDADOS Necesita mucho ejercicio y su pelaje duro precisa, en cierta medida, ser arrancado con los dedos —deja aconsejarte por un criador o llévale a tu cuidador local especializado antes de hacerlo. Estos perros de compañía pueden ser trasquilados o rapados.

TEMPERAMENTO Agradable, vigoroso, protector, inteligente y juguetón.

SCHNAUZER GIGANTE

SCHNAUZER MINIATURA

Sus orígenes se remontan a los perros vaqueros, el schnauzer gigante, también conocido, antaño, por el nombre de schnauzer oso ruso, estuvo en peligro de extinción hasta que fue aceptado como perro guardián durante la primera guerra mundial.

PELAJE Duro, fuerte y áspero.

COLOR Negro puro o «sal y pimienta».

CARACTERÍSTICAS Cabeza robusta y alargada; ojos ovalados y oscuros; orejas acicaladas y en forma de V dobladas; pecho moderadamente ancho; cola asentada y en alto, que se suele recortar por su tercera articulación.

TAMAÑO Alzada hasta los hombros: machos 65-70 cm (25,5-27,5 in), hembras 60-65 cm (23,5-25,5 in). Peso: alrededor de los 33-35 kg (73-77 lb).

CUIDADOS Necesita pocos cuidados, excepto los de ser trasquilado y despojado de pelos a mano.

TEMPERAMENTO Inteligente, leal y bonachón.

Conocido en su Alemania natal como *zwergschnauzer*, esta raza desciende del cruce del schnauzer mediano con perros de menor tamaño –probablemente *affenpinschers*.

PELAJE Duro, fuerte y áspero.

COLOR Negro puro o «sal y pimienta».

CARACTERÍSTICAS Cabeza robusta y alargada; ojos ovalados y oscuros; orejas acicaladas y en forma de V colgando hacia delante y hacia las sienes; cola asentada y en alto, que, generalmente, es recortada por su tercera articulación.

TAMAÑO Alzada hasta los hombros: 30-35 cm (12-14 in). Peso: alrededor de 6-7 kg (13-15 lb).

CUIDADOS Necesita una cantidad de ejercicio razonable; periódicamente el pelaje debería ser recortado y despojado de pelos muertos, y sus barbas y bigotes peinados cada día.

TEMPERAMENTO Vivaz y muy amistoso; es la mascota familiar favorita.

CANICHE MEDIANO

Conocido en Francia por este nombre, el caniche fue el preferido de la reina francesa Marie Antoinette (1755-1793). Sin embargo, es originario de Alemania y conocido por *retriever de agua* o *perro de charcas/agua (pudel)*. Nos recuerda al perro de agua irlandés –poseen un antecesor común, el perro de agua francés o *griffon à poil laineux*.

PELAJE Muy profuso y denso; de áspera textura.

COLOR Unicolor de todas las gamas de colores uniformes, los colores claros son los preferidos para exhibiciones.

CARACTERÍSTICAS Cabeza fina y alargada, ojos almendrados, orejas altas y caídas pegadas a su cabeza, pecho profundo y amplio, cola alta que suele llevar levantada.

TAMAÑO Alzada hasta los hombros: supera los 38 cm (15 in). Peso: 20-32 kg (45-70 lb).

CUIDADOS Su pelo necesita un corte cada seis semanas y precisará un cepillo de púas de alambre y otro de goma para sus cepillados diarios. El estilo de corte de pelo tipo león, que se muestra aquí, es el que se exige en las exhibiciones de perros; sin embargo, muchos dueños de caniches prefieren mantener un estilo tipo oveja, con el pelaje de longitud uniforme. Los caniches no mudan de pelo, por lo tanto, su pelaje no les afecta en la posibilidad de llegar a desarrollar problemas asmáticos.

TEMPERAMENTO Feliz, bondadoso y vivaz; inteligente y deseoso de aprender cualidad que hace de él un perro obediente.

CANICHE ENANO

Descendiente del caniche mediano del que se utilizaron especímenes pequeños, esta raza alcanza su mayor popularidad en los años cincuenta.

PELAJE Muy profuso y denso.

COLOR Unicolor de todas las gamas de colores uniformes, los colores claros son los preferidos para las muestras.

CARACTERÍSTICAS Cabeza fina y alargada, ojos almendrados, orejas largas, altas y caídas, pegadas a la cabeza, pecho profundo y amplio, cola alta que suele llevar levantada.

TAMAÑO Alzada hasta los hombros: 25-38 cm (10-15 in). Peso: 12-14 kg (26-31 lb).

CUIDADOS Los Caniches miniatura requieren además un acicalamiento diario con cepillos de púas de alambre, goma o caucho.

TEMPERAMENTO Inteligente, divertido y cariñoso.

CANICHE MINIATURA

Descendiente del caniche mediano, el caniche miniatura fue considerado como raza independiente en los años cincuenta.

PELAJE Muy profuso, grueso y denso; de áspera textura.

COLOR Unicolor de todas las gamas de colores uniformes, los colores claros son los preferidos.

CARACTERÍSTICAS Cabeza fina y alargada, ojos almendrados, orejas situadas altas, pecho profundo y amplio, cola alta que suele llevar levantada.

TAMAÑO Alzada hasta los hombros: no supera los 25 cm (10 in). Peso: 7 kg (15 lb).

CUIDADOS Al igual que sus parientes, los caniches mediano y enano, el miniatura necesita un cepillado diario y un corte de pelo cada seis semanas.

TEMPERAMENTO Ideal para un apartamento. Es el menos robusto de los tres tipos aquí descritos.

CHOW CHOW

Miembro de la familia de los spitz, el chow chow fue conocido en su China natal hace más de 2000 años. Es la única raza que posee la lengua de color negro.

PELAJE Puede ser áspero (abundante, denso y tosco con una cola de aspecto encrespado y plumoso), o suave (denso y grueso sin ser encrespado o plumoso).

COLOR Negro, rojo/fuego, azul, beige y crema.

CARACTERÍSTICAS Cráneo ancho y aplanado; orejas pequeñas ligeramente redondeadas en las puntas; pecho ancho y profundo y porte compacto; cola alta que suele llevar curvada sobre el dorso.

TAMAÑO Alzada hasta los hombros: machos 48-56 cm (19-22 in), hembras 46-51 cm (18-20 in). Peso: 20-32 kg (44-70 lb).

CUIDADOS El pelo necesita un mimo especial mediante un cepillo de púas de alambre.

TEMPERAMENTO Leal, despierto e independiente.

LHASA APSO

Esta raza es original del Tíbet y posiblemente desciende del mastiff tibetano.

PELAJE Largo, en cascada, pesado, liso y resistente. Posee un manto oculto o interno de moderada cantidad.

COLOR Dorado, arena, miel, gris oscuro canoso, gris pizarra o color humo; en partes: negro, blanco o marrón castaño.

CARACTERÍSTICAS El pelo le cae sobre los ojos y en el resto del cuerpo cuelga hasta el suelo; orejas empenechadas; ojos oscuros; porte compacto y equilibrado; cola alta y generalmente curvada sobre el dorso.

TAMAÑO Alzada hasta los hombros: machos alrededor de 25 cm (10 in), hembras ligeramente más pequeñas. Peso: 6-7 kg (13-15 lb).

CUIDADOS El pelo largo necesita un mimo especial y diario.

TEMPERAMENTO Feliz, generalmente de larga vida y con facilidad de adaptación.

SPITZ JAPONÉS

El spitz japonés comparte antecesor con el spitz nórdico y también está íntimamente emparentado con el spitz alemán y con el pomerania.

PELAJE Liso, denso, llama la atención su capa externa profusa y ahuecada; el pelaje oculto es corto y denso.

COLOR Blanco puro.

CARACTERÍSTICAS Cabeza de mediano tamaño, ojos oscuros, orejas pequeñas, triangulares y rectas, pecho ancho y profundo, cola alta que se enrolla sobre el dorso, nariz negra.

TAMAÑO Alzada hasta los hombros: machos 30-36 cm (12-14 in), hembras ligeramente más pequeñas. Peso medio: 6 kg (13 lb).

CUIDADOS Necesita un cepillado diario y una moderada cantidad de ejercicio.

TEMPERAMENTO Fiel a su amo aunque desconfía de los extraños; inteligente, despierto y audaz —cualidades que le hacen ser un pequeño perro guardián y una excelente mascota de compañía.

SHIBA INU

El shiba inu es una raza japonesa muy antigua —recuerda a un perro que fue hallado en unas ruinas que datan del 500 d. de C. Es el más pequeño del linaje de los spitz y su nombre quiere decir «perro pequeño» en nagano (dialecto japonés).

PELAJE Áspero y liso pero lustroso.

COLOR Rojo, sal y pimienta, negro y canela, o blanco.

CARACTERÍSTICAS Ágil, de porte robusto y musculoso, pecho profundo, dorso horizontal y corto; ojos almendrados, cola larga y en forma de hoz.

TAMAÑO Alzada hasta los hombros: machos alrededor de 38-40 cm (15-16 in), hembras 35-38 cm (14-15 in). Peso: 9-13,5 kg (20-30 lb).

CUIDADOS Necesita una cantidad moderada de ejercicio y un buen cepillado diario.

TEMPERAMENTO Afectuoso, amistoso y sensible, pero a veces posee un carácter frío y reservado. Es un buen cazador, mascota y perro de exhibiciones y muestras.

SHAR PEI

Durante un tiempo fue considerado el perro más escaso del mundo; los orígenes del Shar Pei, o perro chino de lucha, datan de la dinastía Han (206 a. de C. - 220 d. de C.).

PELAJE Corto, liso y frágil o quebradizo.
COLOR Solamente unicolores uniformes: negro, rojo, beige oscuro o claro, o color crema.
CARACTERÍSTICAS Piel suelta con múltiples repliegues. Cabezón en proporción al resto del cuerpo; ojos oscuros y almendrados; orejas muy pequeñas, triangulares y dobladas; pecho ancho y profundo; cola redondeada acabada en punta, alta y curvada hacia un lateral del dorso.

TAMAÑO Alzada hasta la cruz: 46-51 cm (18,5-20 in). Peso: 18-25 kg (40-55 lb).
CUIDADOS El pelaje del Shar Pei nunca debe cortarse. Necesita una moderada cantidad de ejercicio.
TEMPERAMENTO Es un perro muy afectuoso a pesar de su ceñuda expresión; tranquilo, independiente y fiel.

ERRIER DEL TÍBET

El terrier del Tíbet no es un verdadero terrier, no obstante, posee cierto parecido a un pequeño antiguo pastor inglés. Se dice que fue concebido en monasterios tibetanos para trabajos de granja y como perro de compañía.

PELAJE Suave, y de pelaje oculto lanoso; largo y fina capa de pelo en su parte visible, que puede ser lisa u ondulada.

COLOR De cualquier color o su combinación.

CARACTERÍSTICAS Grandes ojos redondeados y oscuros; orejas colgantes y empenachadas; porte robusto y vigoroso; cola de mediano tamaño, ligeramente alta y enrollada sobre el lomo.

TAMAÑO Alzada hasta los hombros: machos 35-40 cm (14-16 in), hembras ligeramente más pequeñas. Peso: 9-11 kg (20-24 lb).

CUIDADOS El pelo de los terriers del Tíbet necesita una atención regular.

TEMPERAMENTO Leal, de espíritu independiente, es un gran paseante y fiel a su amo.

TERRANOVA

Por su instinto de recuperar cualquier cosa, o rescatar a cualquiera del agua, el terranova es famoso como «salvavidas».

PELAJE Oleoso, pelaje de doble grosor, liso y resistente al agua, denso y de textura áspera.
COLOR Negro, marrón, gris o Landseer (cabeza negra, manchas negras sobre fondo blanco).
CARACTERÍSTICAS Cráneo ancho y macizo; ojos pequeños y marrones; orejas pequeñas y situadas en la parte posterior de la cabeza; cuerpo fuerte, musculoso y de gran tamaño; cola espesa.
TAMAÑO Alzada hasta los hombros: machos 71 cm (28 in), hembras 66 cm (26 in). Peso: machos 64-69 kg (140-152 lb), hembras 50-54 kg (110-120 lb).
CUIDADOS Requiere un cepillado diario.
TEMPERAMENTO Benévolo y apacible.

MASTIFF

Una de las razas más antiguas, los mastiff fueron guardados como un tesoro por los babilonios hace más de 4000 años.

PELAJE El pelaje externo es corto y liso; el interno es denso y tupido.
COLOR Melocotón, beige o manchado. El hocico debe ser negro.
CARACTERÍSTICAS Cráneo macizo; ojos pequeños y distanciados; orejas pequeñas; patas fuertes y rectas, asentadas en ángulo recto en su cadera y homoplatos; cola alta.
TAMAÑO Mínima alzada: machos 75 cm (30 in), hembras 69 cm (27,5 in). Peso: 79-86 kg (174-190 lb).
CUIDADOS Necesita ejercicio diario para construir su porte musculoso. Muchos no culminan su crecimiento hasta su segundo cumpleaños.
TEMPERAMENTO Vivaz y leal.

BULLMASTIFF

El bullmastiff fue desarrollado hace 200-300 años con el cruce entre mastiff y el bulldog inglés, para crear así un poderoso y valiente perro de lucha.

PELAJE Corto, terso y denso.

COLOR Cualquier tipo de modelo manchado, beige o rojo; hocico negro.

CARACTERÍSTICAS Cabeza de gran tamaño y cuadrangular, ojos oscuros o de color avellana, orejas en forma de V, altas y bastante distanciadas, cuerpo de porte robusto y fuerte; cola alta.

TAMAÑO Alzada hasta los hombros: machos 64-68 cm (25-27 in), hembras 60-66 cm (24-26 in). Peso: machos 50-60 kg (110-130 lb), hembras 41-50 kg (90-110 lb).

CUIDADOS Necesita mucho espacio y ejercicio, pero su pelaje requiere cuidados solamente cada cierto tiempo.

TEMPERAMENTO Juguetón, leal, apacible; requieren un amo experto.

BOXER

El boxer es una raza que puede remontar sus orígenes a los perros del tipo mastiff que los cimbrios llevaban a las batallas contra los romanos.

PELAJE Corto, lustroso y terso.

COLOR Beige o atigrado con manchas blancas. Para exhibiciones o muestras, el color blanco no debería superar más de un tercio del color predominante.

CARACTERÍSTICAS Ojos marrones oscuros y de mirada perdida o tristona; orejas medianas y bastante distanciadas, de perfil refinado, cola alta y típicamente recortada.

TAMAÑO Alzada: machos 57-64 cm (22,5-25 in), hembras 53-58 cm (21-23 in). Peso: 24-32 kg (53-71 lb).

CUIDADOS Necesita ejercicio diario; su pelaje es de fácil cuidado.

TEMPERAMENTO Afectuoso y juguetón, pero no pierde ocasión de pelearse con otros perros.

COLLIE DE PELO CORTO

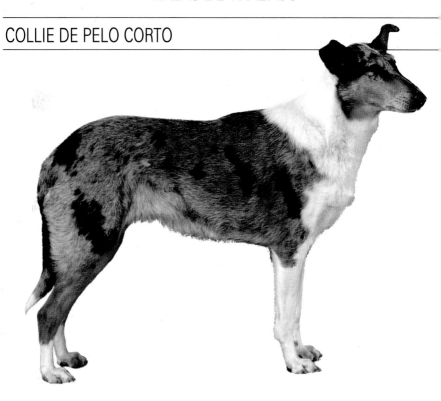

Los antecesores tanto del collie de pelo corto como del pelo largo se llevaron desde Islandia a Escocia hace más de 400 años, donde se utilizaron como perros pastores —el nombre *collie* es un término escocés para referirse a las ovejas con patas y cara negras.

PELAJE Corto, áspero y terso, con una densa capa interna.

COLOR Negro y blanco, tricolor y azul mirlo (gris azulado). El azul mirlo no está permitido en exposiciones caninas del Reino Unido.

CARACTERÍSTICAS Cabeza fina y no muy grande comparada con el resto del cuerpo; ojos almendrados; orejas pequeñas y en disposición no muy cercana; de cuerpo alargado en proporción con su altura; cola larga que suele llevar caída.

TAMAÑO Alzada hasta los hombros: machos 56-66 cm (22-26 in), hembras 51-60 cm (20-24 in). Peso: machos 20,5-34 kg (45-75 lb), hembras 18-29,5 kg (40-65 lb).

CUIDADOS Necesita mucho espacio y ejercicio. Su pelaje no es difícil de cuidar.

TEMPERAMENTO Leal, afectuoso, fácil de entrenar; con instinto desconfiado hacia los extraños, suele ser un excelente guardián.

COLLIE DE PELO LARGO

El collie de pelo largo, a veces llamado collie escocés, sigue siendo el perro más famoso debido a las películas de «Lassie». El collie de pelo largo, aunque muy similar al de pelo corto, es mucho más conocido que aquél.

PELAJE Profusa melena, lisa y áspera al tacto, junto con un pelaje interno suave, abundante y tupido.

COLOR Negro y blanco, tricolor y azul mirlo (gris azulado). El azul mirlo no está permitido en el Reino Unido cuando se trata de exposiciones caninas.

CARACTERÍSTICAS Cabeza fina y no muy grande comparada con el resto del cuerpo; ojos almendrados de mediano tamaño; orejas pequeñas que no están en disposición muy cercana; de cuerpo alargado en proporción con su altura; cola larga.

TAMAÑO Alzada hasta los hombros: machos 56-65 cm (22-25,5 in), hembras 51-60 cm (20-24 in). Peso: machos 20,5-34 kg (45-75 lb), hembras 18-29,5 kg (40-65 lb).

CUIDADOS Necesita de mucho espacio y ejercicio. Su pelaje no es difícil de cuidar.

TEMPERAMENTO Inteligente, resistente, de mirada aguda. Son fáciles de entrenar y son buenos perros guardianes.

PASTOR DE LAS SHETLAND

El sheltie es original de las islas Shetland en la costa norte de Escocia, donde se cri¢ hace más de 135 años.

PELAJE La capa de pelo externa es larga y de áspe¤ textura, la capa interna es tupida y de pelo corto.

COLOR Negro y blanco, tricolor y azul mirlo (gris azulado), blanco y negro, y blanco y color canela o café.

CARACTERÍSTICAS Cabeza fina con ojos almendrados de mediano tamaño, dispuestos oblicuamente; orejas pequeñas y moderadamen¤ anchas en su base; cuello arqueado y musculoso, cola baja y acabada en punta.

TAMAÑO Alzada hasta la cruz: machos, alreded¢ de 37 cm (14,5 in); hembras, alrededor de 35 c¤ (14 in). Peso: 6-7 kg (13-15 lb).

CUIDADOS Necesita cepillados y peinados diarios con un cepillo duro. No debería dorm¤ en el exterior, es un perro de vida interior (dentro de casa).

TEMPERAMENTO Es un perro inteligente, leal y que disfruta del ejercicio.

ANTIGUO PASTOR INGLÉS

Los bobtails, o antiguos pastores ingleses, existen desde hace siglos. Fueron, antaño, utilizados como perros vaqueros dedicados ● ganado y como guardianes, pero hoy en dí● son, casi exclusivamente, buenas mascotas.

PELAJE Pelaje profuso aunque no excesivament● y de una textura bastante áspera al tacto. Pelo enmarañado, pero no rizado.

COLOR Grises, canosos o azules.

CARACTERÍSTICAS Cabezón en proporción al rest● del cuerpo; ojos bastante separados entre sí; pequ● ñas orejas que caen pegadas a la cabeza; cuerpo compacto y corto; cola recortada cerca del dorso●

TAMAÑO Alzada hasta los hombros: machos 5● cm (22 in), hembras 53 cm (21 in). Peso mínimo: 30 kg (66 lb).

CUIDADOS Los cachorros necesitan un cepillad● diario. Los destinados a muestras o exhibicion● necesitan muchas horas de dedicación.

TEMPERAMENTO Bonachón, protector y sensibl● pero revoltoso.

BEARDED COLLIE

Descendiente de los perros pastores polacos de la llanura, el bearded collie es considerado uno de los canes más antiguos que reúnen los rebaños en Escocia.

PELAJE Liso, duro y lanudo; puede ser ligeramente ondulado; su capa de pelo interno es suave y tupida.

COLOR Gris pizarra, cervato o beige rojizo, negro y azul, todas las gamas del gris, marrón o color arena, con o sin manchas blancas.

CARACTERÍSTICAS Cabeza ancha y aplanada; orejas de tamaño medio y colgantes; cuerpo largo; cola baja, sin ninguna vuelta o enrolladura.

TAMAÑO Alzada hasta la cruz: machos 53-56 cm (21-22 in), hembras 51-53 cm (20-21 in). Peso: 18-27 kg (40-60 lb).

CUIDADOS Necesita de un cuidado especial para prevenir una muda de pelo.

TEMPERAMENTO Activo, seguro de sí mismo y atento. Es un buena mascota y un excelente perro de exhibiciones caninas.

BORDER COLLIE

El border collie es descendiente de los collies trabajadores de la frontera entre Escocia e Inglaterra. Ha formado parte de competiciones de perros pastores desde 1873.

PELAJE Dos variedades: de pelo moderadamente largo y de pelo liso; ambos son de pelo grueso y liso.

COLOR Variedad de colores. Para competiciones caninas o muestras, el color blanco no debe ser predominante.

CARACTERÍSTICAS Ojos ovalados y bastante separados; orejas de tamaño medio y ampliamente distanciadas; apariencia de un cuerpo atlético; cola moderadamente larga.

TAMAÑO Alzada: machos 53 cm (21 in), hembras ligeramente de menor tamaño. Peso: 13,5-20 kg (30-45 lb).

CUIDADOS Necesita mucho ejercicio y un cepillado periódico con un cepillo o peine.

TEMPERAMENTO Resistente, muy inteligente y leal. Posee, además, un instinto natural para cuidar bien de un rebaño, reunirlo y protegerlo.

CORGI (PEMBROKE)

El corgi galés pembroke, el preferido de la Corona Inglesa, fue un perro de trabajo en el Sur de Gales desde el siglo XI; su trabajo consistía en ser un perro vaquero que controlaba las reses mordisqueándoles las patas. Posiblemente emparentado con el vallhund sueco.

PELAJE Semilargo y liso, con una tupida capa de pelo interna.

COLOR Rojo, azabache, cervato o negro y canela, con o sin manchas blancas en las patas, pecho y cuello.

CARACTERÍSTICAS Cabeza tipo zorro; orejas altas y redondeadas; pecho profundo y cuerpo moderadamente alargado; cola corta, recortada en caso de ser necesario.

TAMAÑO Alzada hasta los hombros: 25-30 cm (10-12 in). Peso: machos alrededor de los 12 kg (27 lb), hembras alrededor de los 11,5 kg (25 lb).

CUIDADOS Suele tender al sobrepeso si no hace el suficiente ejercicio. El pelaje necesita un cepillado diario.

TEMPERAMENTO Extremadamente activo y obediente.

CORGI (CARDIGAN)

El corgi galés cardigan tiene una historia similar al, más popular, pembroke y, hasta 1930, las dos razas fueron cruzadas. El cardigan tiene un esqueleto más pesado, un cuerpo de mayor tamaño y es fácilmente distinguible del pembroke por su distinguida cola larga y empenechada.

PELAJE Corto o semilargo de una textura áspera; corta y tupida capa de pelo interna.

COLOR Cualquiera, con o sin manchas blancas El color blanco no debe ser predominante.

CARACTERÍSTICAS Cabeza tipo zorro; ojos medianos; orejas altas erectas y ladeadas; pecho ancho con un prominente esternón; cola empenechada alineada con respecto al cuerpo.

TAMAÑO Alzada hasta la cruz: 26-31 cm (10,5-12,5 in). Peso: machos 13,5-17 kg (30-38 lb), hembras 11,5-15,5 kg (25-34 lb).

CUIDADOS Suele tender al sobrepeso si no hace el suficiente ejercicio. El pelaje, resistente al agua, necesita de un cepillado diario.

TEMPERAMENTO Activo y obediente. Dícese que posee un temperamento más equilibrado que el pembroke.

PASTOR BELGA GROENENDAEL

El tervueren con su larga melena, denominado así por su región de origen, fue desarrollado por un criador local.

Las cuatro variedades (groenendael, malinois, tervueren, y laekenois) fueron concebidas gracias a muchos perros pastores hallados en Bélgica, a finales de 1800. Son consideradas razas independientes en todas partes, excepto en el Reino Unido.

PELAJE Groenendael y tervueren: largo, liso y abundante. Malinois: muy corto en la cabeza, orejas y parte inferior de las patas, corto en el resto del cuerpo. Laekenois: áspero, duro y como si fuera de alambre.

COLOR Groenendael: negro y negro con moderada cantidad de color blanco. Tervueren: todos los tonos de rojo, beige, gris, con capa negra superpuesta. Malinois: todos los tonos de rojo, beige, gris, con capa negra superpuesta. Laekenois: rojo cervato con tonos negros.

CARACTERÍSTICAS Cabeza de finos trazos; ojos medianos; orejas triangulares; de porte robusto pero elegante y pecho ancho; cola semilarga, firmemente asentada.

TAMAÑO Alzada: 61-63 cm (24-26 in), hembras 56-61 cm (22-24 in). Peso: 28 kg (62 lb).

CUIDADOS Necesita mucho ejercicio y un cepillado periódico.

TEMPERAMENTO Inteligente y obediente. Es un gran perro guardián, y leal.

PERRO DE MONTAÑA DE LOS PIRINEOS

También conocido como *Gran Pirineos*, probablemente originario de Ásia.

PELAJE Largo y de tosca textura, con un profuso y fino pelo oculto.
COLOR Blanco, con parches distintivos, y gris lobo o amarillento.
CARACTERÍSTICAS Coronilla redondeada; orejas pequeñas y triangulares; pecho ancho; dorso nivelado; cola apuntada.
TAMAÑO Alzada hasta la cruz: machos 70-80 cm (28-32 in), hembras 66-73 cm (25,5-28 in). Peso: 40-50 kg (88-110 lb).
CUIDADOS Puede ser perro tanto de dentro como de fuera de casa, pero ha de estar bien entrenado.
TEMPERAMENTO Bonachón, se lleva bien con otras mascotas y es un fiel protector.

SAN BERNARDO

El san bernardo debe su nombre a un hospicio medieval de los Alpes suizos; llegó a ser famoso por búsqueda y rescate en alta montaña.

PELAJE Denso, corto y terso.
COLOR Anaranjado, caoba manchado, rojo manchado o blanco con parches de colores por el cuerpo; de un blanco brillante en la cara, blanco en el hocico, cuello, pecho, patas (delanteras sobre todo), pies y extremo final de la cola; negro en su cara y orejas.

CARACTERÍSTICAS Cabeza maciza, hombros musculosos, dorso y lomo anchos y en disposición horizontal, cola alta.
TAMAÑO Alzada: 61-67 cm (24-28 in). Peso: 50-91 kg (110-200 lb).
CUIDADOS Durante su primer año no debe abusar del ejercicio. Necesita un cepillado diario.
TEMPERAMENTO Inteligente, fácil de enseñar, le encantan los niños y es muy bonachón.

PERRO DE MONTAÑA DE BERNA

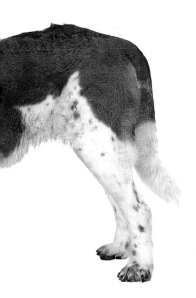

Su nombre proviene del cantón de Berna, en Suiza; esta raza parece descender del antiguo perro de molossus.

PELAJE Espeso y liso o ligeramente ondulado, de un brillo natural.

COLOR Negro azabache, con unas manchas marrón rojizas muy vistosas; manchas blancas en la cabeza, pecho, extremo final de la cola y en los pies.

CARACTERÍSTICAS Cabeza grande de cráneo aplanado, porte compacto; cola empenachada.

TAMAÑO Alzada: 58-70 cm (23-27,5 in). Peso: alrededor de los 40 Kg (88 lb).

CUIDADOS Necesita mucho ejercicio y espacio y un cepillado periódico.

TEMPERAMENTO Galante y afable, cualidades que le convierten en una mascota leal y afectuosa.

DOBERMAN

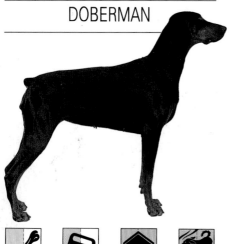

El doberman se originó en Alemania hacia 1880, a partir del pinscher, el rottweiler, el terrier de Manchester y, posiblemente, del pointer.

PELAJE Corto, grueso, duro y apretado.
COLOR Negro puro, marrón, azul o beige con manchas caoba.
CARACTERÍSTICAS Ojos almendrados, orejas pequeñas de implantación alta –a veces naturalmente erectas o que pueden ser recortadas; cuello arqueado; cuerpo cuadrangular; cola característicamente recortada por su segunda articulación.
TAMAÑO Alzada hasta la cruz: machos 65-70 cm (25,5-27,5 in), hembras 60-65 cm (25,5-26 in). Peso: 30-40 kg (66-88 lb).
CUIDADOS Necesita de una mano experta, de entrenamiento y de mucho ejercicio.
TEMPERAMENTO Intrépido y temerario perro guardián. Leal y fiel a su amo.

PASTOR ALEMÁN

Esta raza tan popular dícese que desciende de la Época de Bronce del lobo. La raza, famosa en la actualidad, se vio por primera vez en Hannover, en 1882.

PELAJE De longitud media, liso, duro y tupido, con una espesa capa oculta.
COLOR Negro puro o gris; con la silla de montar (dorso) negra con manchas de color canela, dorado, marrón o gris claro.
CARACTERÍSTICAS Ojos y orejas medianas, cuello largo, largos omóplatos, espalda recta, fuertes cuartos traseros, anchos y musculosos; cola larga y empenachada.
TAMAÑO Alzada hasta el extremo superior de los hombros: machos 60-65 cm (24-25,5 in), hembras 55-60 cm (22-24 in). Peso: 34-43 kg (75-95 lb).
CUIDADOS Necesita de unos enérgicos cuidados diarios y de mucho ejercicio.
TEMPERAMENTO Inteligente, fuerte y ágil. Gran trabajador, obediente y listo.

GRAN DANÉS

ROTTWEILER

e dice que es el descendiente del perro le molossus, el gran danés utilizado para a caza mayor en la Edad Media.

ELAJE Corto, denso y lustroso.

OLOR Manchado, beige, azul, negro o rlequín.

ARACTERÍSTICAS Grandes y anchos orificios asales; ojos redondos y bastante hundidos, rejas triangulares, gran porte, cola alargada, ncha en su base y acabada en punta.

AMAÑO Alzada media a los 18 meses: machos 6 cm (30 in), hembras 71 cm (28 in). Peso íínimo a los 18 meses: machos 55 kg (120 lb), embras 45 kg (100 lb).

UIDADOS Es un perro de interior. Necesita jercicio regular de tipo atlético y un cepillado iario con un cepillo de púas.

EMPERAMENTO Noble, juguetón y fácil de ntrenar.

Es una raza muy antigua que se utilizaba para la caza del jabalí, como perro vaquero y, más recientemente, como perro policía y guardián.

PELAJE Longitud media, tosco y lacio, con una capa interna en el cuello y muslos.

COLOR Negro con distintivas marcas de color fuego.

CARACTERÍSTICAS De cráneo ancho entre las orejas; ojos almendrados; orejas pequeñas; cuello fuerte; pecho profundo y ancho; cola recortada por su primera articulación y casi siempre sostenida horizontalmente.

TAMAÑO Alzada hasta los hombros: machos 60-68 cm (24-27 in), hembras 55-64 cm (22-25 in). Peso: 41-50 kg (90-110 lb).

CUIDADOS Requiere mano cariñosa pero firme, mucho espacio y ejercicio y un cepillado diario con un cepillo de púas.

TEMPERAMENTO Perro fiel y valeroso, cualidades que hacen de él un excelente compañero.

PULI HÚNGARO

Del puli se dice que es descendiente de perros pastores traídos de Hungría por los magiares hace 1000 años.

PELAJE Denso y a prueba de condiciones adversas; la capa externa es ondulada y rizada, su capa interna es suave y lanosa.

COLOR Negro, negro oxidado, blanco o de varias gamas de grises y melocotón.

CARACTERÍSTICAS Pequeña y fina cabeza con un cráneo abovedado; las orejas están colocadas un poco más abajo del extremo superior del cráneo; la cruz está situada ligeramente más alta que el nivel de su espalda; cola mediana, doblada sobre su lomo.

TAMAÑO Alzada hasta la cruz: machos 40-44 cm (16-17,5 in), hembras 37-40 cm (14,5-16 in). Peso: machos 13-15 kg (28,5-33 lb), hembras 10-13 kg (22-28,5 lb).

CUIDADOS Cada una de sus trencillas debe ser aseada, cepillada y peinada a mano por separado.

TEMPERAMENTO Fiel, obediente e inteligente. Puede ser tímido con los extraños.

HUSKY SIBERIANO

Perro de gran belleza, fuerza y resistencia. El husky siberiano desciende del perro de trineo del pueblo chukchi.

PELAJE Pelo medianamente largo.

COLOR Se permiten todos los colores y manchas en los perros de exhibición.

CARACTERÍSTICAS Cabeza mediana en proporción con el resto del cuerpo, ojos almendrados, orejas medianas, cuello arqueado, cuerpo fuerte y espalda recta, cola muy peluda que lleva con gracia, ligeramente curvada sobre su dorso, excepto cuando está descansando.

TAMAÑO Alzada: 53-60 cm (21-23,5 in). Peso: 16-27 kg (35-60 lb).

CUIDADOS Puede considerarse como la perfecta mascota familiar, pero requiere mucho ejercicio y espacio.

TEMPERAMENTO Inteligente, cariñoso y de toda confianza; fácil de entrenar.

SAMOYEDO

Traído a Gran Bretaña desde Siberia en 1889, el samoyedo, o sonriente sammy, es un maravilloso perro del linaje de los spitz, que demuestra gran resistencia y longevidad y que ha sido utilizado en expediciones al Ártico.

PELAJE Capa externa larga, lisa y áspera pero no de textura dura, con una capa oculta suave, corta y espesa.

COLOR Blanco puro, blanco crema, crema; la capa externa es de tono plateado en las puntas del pelaje.

CARACTERÍSTICAS Cabeza anchota; ojos almendrados y oscuros; orejas gruesas, no muy grandes y ligeramente redondeadas en sus puntas; espalda de longitud media; cola larga y profusa que suele llevar doblada hacia el dorso.

TAMAÑO Alzada hasta la cruz: machos 53-59 cm (21-23,5 in), hembras 48-53 cm (19-21 in). Peso: 23-30 kg (50-65 lb).

CUIDADOS La gruesa capa de pelo necesita cepillados y peinados periódicos.

TEMPERAMENTO Fiel y bueno con los niños, cualidades que le confieren el don de ser una obediente mascota.

COCKER SPANIEL AMERICANO

Una de las razas de más calidad en los Estados Unidos, el cocker spaniel americano tiene su origen en una hembra de raza inglesa traída al Reino Unido, alrededor del año 1880.

PELAJE Corto y fino de cabeza, de longitud intermedia en el cuerpo, con una capa interna suficiente para darle la necesaria protección.

COLOR Negro, azabache; a manchas negras y marrones, con definidas manchas negras o marrones en el cuerpo; tricolores o de varios colores. Revisar los estándares de la raza para los requisitos exigidos a los perros de exhibición.

CARACTERÍSTICAS Cabeza redondeada y bien desarrollada; ojos grandotes y vista aguda; la curvatura de la espalda va descendiendo de los hombros a la cola; cola típicamente amputada.

TAMAÑO Alzada: machos 35-38 cm (14-15 in), hembras 33-35 cm (13-15 in). Peso: 11-13 kg (24-28 lb).

CUIDADOS Los cachorros necesitan ser cepillados y peinados diariamente. Los que se dedican a exhibiciones precisarán ser rapados y recortados con tijeras.

TEMPERAMENTO Perro de caza muy útil. Es, también, un popular perro de exhibiciones y buena mascota.

LUMBER SPANIEL

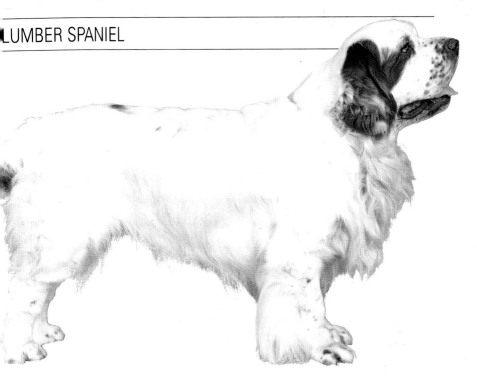

El clumber es el más grande de los spaniel, teniendo como antecesores al basset y al actualmente extinguido spaniel alpino. Preferido por la Corona Inglesa durante varias generaciones, el clumber es más lento que otros perros ligeros de campo, pero sin embargo, es un buen señalador en las cacerías, perfecto rastreador y cobrador de piezas, como su pariente el retriever.

PELAJE Abundante, tupido y sedoso.

COLOR Su cuerpo es blanco puro con marcas de color limón que son bien consideradas en perros de exhibición, aunque también las manchas anaranjadas son aceptadas. Manchas suaves en la cabeza y hocico pecoso.

CARACTERÍSTICAS Cabeza voluminosa, cuadrangular y de longitud media; ojos limpios, de color ámbar y ligeramente hundidos; orejas largas, en forma de hojas de vid; cuerpo alargado, pesado y bajo; pecho profundo; cola baja y empenachada.

TAMAÑO Alzada hasta la cruz: machos 48-51 cm (19-20 in), hembras 43-48 cm (17-19 in). Peso: machos 32-38 kg (70-84 lb), hembras 25-32 kg (55-70 lb).

CUIDADOS Necesita bastantes cepillados y se ha de tener cuidado para que no se le quede barro pegado entre los dedos.

TEMPERAMENTO De buen carácter, puede considerarse una buena mascota, aunque lo ideal sería que ejerciera su faceta cazadora.

FIELD SPANIEL

El field spaniel inglés es, en efecto, la versión grande del coker spaniel.

PELAJE Largo, liso, lustroso y sin rizos; de textura sedosa.

COLOR Negro, hígado o ruano con manchas; el totalmente negro, blanco o hígado y blanco no son aceptados en exhibiciones.

CARACTERÍSTICAS La cabeza es una característica que le confiere su alta calidad de raza; ojos bastante separados; orejas moderadamente largas y anchas; pecho profundo; cola baja y generalmente amputada.

TAMAÑO Alzada hasta la cruz: machos, alrededor de los 46 cm (18 in), hembras alrededor de los 43 cm (17 in). Peso: 16-25 kg (35-55 lb).

CUIDADOS Necesitan mucho ejercicio; cepillado y peinado diario, de forma que el pelo no se le enmarañe.

TEMPERAMENTO Responsable y amistoso.

SUSSEX SPANIEL

Uno de los spaniels más raros, el sussex spaniel es conocido en el sur de Inglaterra, desde hace 200 años.

PELAJE Abundante y liso; amplia capa externa resistente a adversidades meteorológicas.

COLOR Dorado de tono color hígado, tornándose dorado en las puntas; el color hígado oscuro o castaño rojizo no es el deseado para los perros de exhibiciones.

CARACTERÍSTICAS Cabeza grande y redondeada entre las orejas; ojos color avellana de suave expresión; orejas bastante largas y gruesas; pecho profundo y bien desarrollado; cola baja que nunca lleva por encima del nivel de su espalda.

TAMAÑO Alzada hasta la cruz: 33-40 cm (13-16 in). Peso: 16-23 kg (35-50 lb).

CUIDADOS Necesita un peinado y cepillado diarios.

TEMPERAMENTO Trabajador, con un excelente olfato digno de ser mencionado; ladrador cuando encuentra un juego con el que entretenerse. Leal y fácil de entrenar.

SPRINGER SPANIEL INGLÉS

El springer spaniel inglés es uno de los más antiguos spaniels británicos, a excepción del clumber. Es el antecesor de la mayoría de los spaniels contemporáneos. Los spaniels fueron originados para descubrir o hacer salir a la presa de su escondrijo.

PELAJE Tupido, liso e impermeable a la lluvia; nunca está enmarañado.

COLOR Hígado y blanco, negro y blanco; cualquiera de los mencionados con manchas color canela.

CARACTERÍSTICAS Cráneo de tamaño medio; ojos medianos, largas y lobuladas orejas, cuerpo fuerte, cola baja que nunca levanta por encima del nivel de la espalda.

TAMAÑO Alzada hasta la cruz: machos 51 cm (20 in), hembras 48 cm (19 in). Peso: 22-25 kg (49-55 lb).

CUIDADOS Necesita mucho ejercicio, un cepillado diario y revisar sus pezuñas para asegurarse de que no se le queda barro seco pegado entre los dedos.

TEMPERAMENTO Inteligente y leal. Buen perro de caza y excelente mascota.

SPRINGER SPANIEL GALÉS

El springer spaniel galés, o su pariente más próximo, son mencionados en libros de leyes de Gales que datan del 1300 d. de C. Es posible que este spaniel rojo y blanco sea el resultado del cruce un springer inglés y un clumber.

PELAJE Liso y lacio, de textura sedosa; algo más peludo en su pecho, flancos, ombligo y patas.

COLOR Rojo intenso y blanco.

CARACTERÍSTICAS Cabeza ligeramente abovedada; ojos medianos color avellana u oscuros; orejas bajas; cuerpo fuerte y musculoso; cola baja, bien asentada.

TAMAÑO Alzada hasta la cruz: machos 45-48 cm (18-19 in), hembras 43-45 cm (17-18 in). Peso: 16-20 kg (35-45 lb).

CUIDADOS Necesita un cepillado diario y que se revise que entre sus dedos, y en las orejas, no se le ha quedado pegado barro seco.

TEMPERAMENTO Fiel, amistoso y trabajador. Tiene un excelente olfato y es un buen nadador.

RETRIEVER DE PELO LISO

Esta raza británica parece ser descendiente del labrador retrevier y de los spaniels.

PELAJE Denso, de textura fina y de mediana longitud.

COLOR Negro puro o hígado puro.

CARACTERÍSTICAS Cabeza alargada y de fino perfil, ojos medianos, orejas pequeñas bien asentadas, pecho profundo y de porte robusto, cola corta, recta y bien asentada.

TAMAÑO Alzada: machos 58-61 cm (23-24 in), hembras 56-58 cm (22-23 in). Peso: machos alrededor de los 27-36 kg (60-80 lb), hembras alrededor de los 25-32 kg (55-70 lb).

CUIDADOS Puede ser un perro de exterior. Necesita mucho ejercicio y un cepillado diario.

TEMPERAMENTO Inteligente, fiel y afectuoso.

LABRADOR RETRIEVER

Esta raza llegó al Reino Unido alrededor del 1830 desde Terranova, donde ayudaba a tirar las redes de los pescadores hasta la orilla. Hoy en día es una mascota familiar, perro de caza, muy obediente, excelente para exhibiciones caninas y un buen guía para personas ciegas.

PELAJE Corto y denso, sin ondulaciones o de aspecto plumoso; pelaje interno resistente a las lluvias.

COLOR Negro, amarillo o hígado/chocolate; gama del amarillo que va desde el crema al rojo fuego.

CARACTERÍSTICAS Cráneo amplio con un *stop* pronunciado; ojos medianos; orejas ni muy largas ni muy pesadas; pecho bastante profundo y ancho; característica cola tipo nutria.

TAMAÑO Alzada hasta los hombros: 56-61 cm (22-24 in). Peso: machos 27-34 kg (60-75 lb), hembras 25-32 kg (55-70 lb).

CUIDADOS Necesita mucho ejercicio para evitar la obesidad y un cepillado periódico.

TEMPERAMENTO Exhuberante cuando es jovencito; fácil de entrenar. Responsable y amistoso.

GOLDEN RETREVIER

Esta raza parece ser es el resultado de un cruce retrevier-spaniel. Existe una historia acerca de sus verdaderos antecesores: un grupo mejorado de perros pastores rusos.

PELAJE Liso u ondulado con aspecto plumoso; pelaje interno denso y resistente a las lluvias.

COLOR Cualquier gama de dorado o crema.

CARACTERÍSTICAS Cabeza de bonitas pinceladas y equilibrada; ojos marrones oscuros; orejas de tamaño mediano; pecho profundo y de porte armonioso; cola asentada que lleva al nivel de la espalda.

TAMAÑO Alzada hasta la cruz: machos 56-61 cm (22-24 in), hembras 51-56 cm (20-22 in). Peso: 25-34 kg (55-75 lb).

CUIDADOS Su pelaje necesita cuidado diario y también bastante ejercicio.

TEMPERAMENTO Excelente perro de caza, de un temperamento entrañable y bueno con los niños.

SETTER IRLANDÉS

El setter irlandés, o setter rojo, fue concebido cruzando spaniels de agua irlandeses, pointers españoles y setters gordon e ingleses. A pesar de originarse en Irlanda, esta raza se consideró independiente en época de la Inglaterra victoriana, donde su rapidez y energía le convirtieron en una raza ideal para la caza en extensas llanuras y en bosques.

PELAJE Corto y fino en su cabeza, en la parte delantera de las patas y en la punta de sus orejas; moderadamente largo, liso y libre en el resto de su cuerpo; aspecto plumoso.

COLOR Castaño puro sin pinceladas en negro; en las exhibiciones se permite que tengan marcas blancas en el pecho, garganta, barbilla y dedos, o una pequeña marca en forma de estrella en su frente, o una raya estrecha en la nariz o en la cara.

CARACTERÍSTICAS Cabeza delgada y fina; ojos que van del avellana oscuro al marrón oscuro; orejas de tamaño mediano; pecho profundo y estrecho en su parte delantera; cola mediana respecto a la longitud del cuerpo.

TAMAÑO Alzada: 64-68 cm (25-27 in). Peso: 27-32 kg (60-70 lb).

CUIDADOS Necesita mucho ejercicio y un cepillado diario.

TEMPERAMENTO Muy afable, cariñoso y con una energía ilimitada. No es un buen perro guardián.

ERRO DE AGUA IRLANDÉS

[H]ay evidencias de la existencia de perros [d]e agua y spaniels de agua que se [r]emontan al año 17 d. de C.; incluso [a]lgunos de estos spaniels empezaron a ser [c]onocidos en Irlanda hace más de [1]000 años. El perro de agua irlandés es el [m]ás alto de los spaniels y se sabe que es el [r]esultado de cruces entre poodles y [r]etreviers de pelo rizado. Antes de 1859 [h]ubo en Irlanda dos linajes independientes [d]e esta raza: uno en el Norte y otro en el [S]ur. Parece que el linaje del Sur, que [r]ecuerda al poodle contemporáneo, formó [l]a base de la actual raza.

[P]ELAJE Denso, apretados rizos en el cuello, [c]uerpo y parte superior de la cola; pelo más [l]argo en las patas y moño (cabeza); pelo liso [e]n la parte anterior de las patas posteriores [p]or debajo de los corvejones, en la cara y [e]n el extremo final de su cola.

[C]OLOR Hígado puro u oscuro.

[C]ARACTERÍSTICAS De gran porte, cabeza [a]ltamente abovedada; ojos pequeños [y] almendrados; orejas ovaladas y [l]argas; cuello arqueado y [a]largado; pecho profundo; cola [c]orta.

[T]AMAÑO Alzada: machos 53-60 cm [(]21-24 in), hembras 51-58 cm [(]20-23 in). Peso: machos 25-30 kg [(]55-66 lb), hembras 20,5-26 kg [(]45-58 lb).

[C]UIDADOS Necesita ser peinado por [l]o menos una vez por semana con [u]n peine de púas de acero. Raparle [y] recortarle el pelo alrededor de sus [p]ies en caso de ser necesario.

[T]EMPERAMENTO Valiente, cariñoso e inteligente. [T]iene un agudo olfato, y trabaja y cuartelea [c]omo los spaniels. Resistente nadador, es [i]deal como colector de gansos o patos en aguas [p]rofundas.

SETTER INGLÉS

SETTER GORDON

El setter inglés es el más antiguo y distinguido de las distintas razas de setters, que se sientan o se «clavan», estáticos, cuando encuentran una presa.

PELAJE Corto, liso y denso.
COLOR Negro y blanco (azul belton), anaranjado y blanco (naranja belton), color limón y blanco (limón belton), hígado y blanco (hígado belton), o tricolor (azul belton y canela o hígado belton y canela).
CARACTERÍSTICAS Cabeza delgada y de trazos nobles; orejas moderadamente bajas; espalda corta, equilibrada y musculosa; cruz alta; la cola está alineada con el dorso, de aspecto plumoso o empenachado.
TAMAÑO Alzada: machos 62-68 cm (24,5-27 in), hembras 60-62 cm (24,5-25 in). Peso: 18-32 kg (40-71 lb).
CUIDADOS Necesita un cepillado diario con un peine rígido y cepillo de púas de acero, y también mucho ejercicio.
TEMPERAMENTO Leal y cariñoso.

El gordon es el único perro cazador escocés. Fue originado hacia 1970 por el cuarto Duque de Richmond y Gordon, de sangre de sabuesos y collies, entre otros.

PELAJE Corto y fino de cabeza, en la parte delantera de las patas y en la punta de las orejas; moderadamente largo en el resto del cuerpo, liso y libre de rizos.
COLOR Profundo y brillante negro carbón, sin trazos de otros colores y con vistosas manchas de color canela.
CARACTERÍSTICAS Cabeza más alta que ancha; ojos marrones oscuros; orejas medianas; cola recta o ligeramente curvada pero no muy larga.
TAMAÑO Alzada hasta los hombros: machos 60-70 cm (24-27,5 in), hembras 57-65 cm (22,5-25,5 in). Peso: machos 25-36 kg (55-80 lb), hembras 20-32 kg (45-71 lb).
CUIDADOS Necesita mucho espacio y ejercicio. El pelaje requiere ser cepillado diariamente.
TEMPERAMENTO Fácil de manejar, tranquilo y dócil. Metódico e incansable cazador.

POINTER

El pointer debe su fama a la característica postura de apuntar con su nariz y cola en la dirección en que se encuentra la presa. Los perros señaladores aparecieron en Europa en el siglo XVII.

PELAJE Corto, denso y suave.

COLOR Limón y blanco, anaranjado y blanco, blanco y negro; colores puros y tricolores.

CARACTERÍSTICAS Cabeza medianamente ancha con un *stop* bien definido, ojos oscuros y redondeados, orejas alineadas con los ojos, hombros finos e inclinados, pecho profundo, cola acabada en punta.

TAMAÑO Alzada hasta la cruz: machos 64-70 cm (25-27,5 in), hembras 58-66 cm (23-26 in). Peso: machos 25-34 kg (55-75 lb), hembras 20-30 kg (45-65 lb).

CUIDADOS Necesita un cepillado regular y mucho ejercicio.

TEMPERAMENTO Afectuoso, obediente, fácil de entrenar y buen compañero de los niños.

WEIMARANER

Se dice que el weimaraner, o «fantasma plateado», se originó en el siglo XIX por el gran duque de Weimar.

PELAJE Corto, terso y brillante.

COLOR El gris plateado es el preferido para las exhibiciones, pero también se permiten las gamas de grises ratón.

CARACTERÍSTICAS Cabeza alargada y de perfil aristocrático; ojos medianos; orejas largas; pecho profundo y cuerpo alargado; cola típicamente recortada.

TAMAÑO Alzada hasta la cruz: machos 60-70 cm (24-27,5 in), hembras 56-64 cm (22-25 in). Peso: 32-38 kg (70-84 lb).

CUIDADOS Es más un perro casero que de exterior; su pelaje requiere pocos cuidados.

TEMPERAMENTO Noble e inteligente.

POINTER ALEMÁN

El origen del pointer alemán de pelo corto es español y fue probablemente elaborado del cruce entre un pointer español y un sabueso, dando como resultado un perro que era bueno como señalador y rastreador. Parece que también puede tener sangre inglesa de perro cazador de zorros. La raza fue concebida en Alemania hace 100 años.

PELAJE El de pelo corto: liso y tosco al tacto. El de pelo duro: grueso y áspero, con una densa capa interna.

COLOR El de pelo corto: hígado puro, hígado con manchas blancas, hígado moteado y manchado de color blanco; hígado moteado en blanco; con las mismas variaciones en negro en vez del color hígado; no hay tricolores. El de pelo duro: hígado y blanco, hígado puro, también blanco y negro; el negro puro y los tricolores no son los preferidos en exposiciones caninas.

CARACTERÍSTICAS Pelo corto: cabeza ancha y de corte limpio, con un moño ligeramente más claro; ojos medianos; orejas altas y bastante separadas; el pecho debería ser más profundo que ancho, pero proporcionado con el cuerpo; cola alta y gruesa en su base, afinándose hasta acabar en punta. Pelo duro: cabeza ancha y equilibrada en proporción al cuerpo; moño ligeramente redondeado; ojos medianos y ovalados; orejas de tamaño mediano en relación con la cabeza; el pecho debería ser más profundo que ancho, pero proporcionado con el resto del cuerpo; la cola es alta y gruesa en su base, afinándose hasta acabar en punta.

TAMAÑO Pelo corto: alzada hasta la cruz: machos 58-64 cm (23-25 in), hembras 53-58 cm (21-23 in). Peso: machos 25-32 kg (55-71 lb), hembras 20-27 kg (44-60 lb). Pelo duro:

Exceptuando su pelaje cerdoso, el pointer alemán de pelo duro (derecha) es muy parecido al de pelo corto, que contribuyó a su aparición.

zada hasta los hombros: machos 60-63 cm 4-25 in), hembras 56-61 cm (22-24 in). Peso: achos 25-34 kg (55-75 lb), hembras 20-29 kg -4-64 lb).

JIDADOS Ninguno de los dos tipos requiere uchos cuidados. El de pelo duro no es tan ena mascota casera. Ambos necesitan ucho ejercicio.

MPERAMENTO El de pelo corto es fácil de

entrenar y buen compañero de niños. El de pelo duro es un perro activo y responsable, aunque puede tener un carácter agresivo.

VIZSLA HÚNGARO

El vizsla húngaro, o magyar vizsla, es el perro de caza por excelencia de Hungría. La palabra húngara vizsla significa «alerta» o «sensible». Este terso setter fue concebido para enfrentarse a las temperaturas extremas de la región central de la llanura húngara (Puszta). Parece que el weimaraner alemán, al que nos recuerda por su gran parecido y los perros señaladores de Transilvania, constituyen sus orígenes. Existe una variedad de vizsla de pelo duro, mucho más raro que la variedad «tersa», y que es la preferida en su Hungría nativa para trabajar en el agua. A partir de la segunda guerra mundial, el vizsla pasa a ser muy conocido.

PELAJE Corto, liso y denso; apretado e impermeable.

COLOR Dorado bermejo/rojizo; en perros de exhibiciones, las marcas blancas en el pecho y los pies son aceptadas.

CARACTERÍSTICAS De cabeza elegante y fina, con un hocico alargado; orejas finas y largas en posición baja; espalda corta y aquí con un perfecto desarrollo muscular; pecho profundo con prominente externón; cola moderadamente gruesa, baja y amputada.

TAMAÑO Alzada hasta la cruz: machos 57-64cm (22,5-25in), hembras 53-60cm (21-24in). Peso: 20-30kg (44-66lb).

CUIDADOS Necesita mucho ejercicio y su pelaje debe ser peinado regularmente.

TEMPERAMENTO Un perro cazador versátil y fácil de entrenar. Experto cazador, señalador y cobrador de presas. Es amable y obediente, bueno con los niños y se le considera una de las mejores mascotas.

SPINONE ITALIANO

El spinone italiano es una antigua raza cazadora. Además, ha pasado a ser un excelente rival en los concursos internacionales de exhibición y de campeonatos en campo. Las opiniones acerca de sus posibles orígenes son variadas: desde que son descendientes de los setters, parientes del segugio italiano de pelo crespo hasta que son el resultado de un cruce de griffon. A pesar de las creencias, este potente y versátil cazador se origina en Francia, extendiéndose más tarde hacia el Piamonte en Italia y por eso se le atribuye parentesco con el griffon francés, el pointer alemán, el porcelaine, el barbet y el griffon de korthal. El spinone puede ser el resultado del cruce entre un setter de pelo crespo y un mastiff blanco.

PELAJE Aspero, espeso y bastante duro, con una densa capa interna.

COLOR Blanco, blanco con manchas de color naranja, blanco puro y salpicado de naranja, blanco con manchas marrones, blanco moteado de marrón (marrón ruano), con o sin marcas marrones.

CARACTERÍSTICAS Ojos expresivos que varían del color amarillo al ocre, orejas largas y triangulares, dorso robusto, la longitud del cuerpo es igual a la de la alzada hasta la cruz, cola gruesa en su base que suele llevar en posición horizontal.

TAMAÑO Alzada hasta los hombros: machos 59-69 cm (23-27 in), hembras 58-64 cm (23-25 in). Peso: machos 32-37 kg (70-82 lb), hembras 28-32 kg (62-70 lb).

CUIDADOS Necesita mucho y enérgico ejercicio, es un excelente nadador y está hecho para la vida de campo.

TEMPERAMENTO Afectuoso, simpático y leal. Señalador de presas y con una delicada boca para recogerlas sin dañarlas.

PERRO DE NUTRIA (OTTER HOUND)

El robusto perro de nutria británico está, probablemente, emparentado con perros de caza de zorro y otros perros cazadores.

PELAJE Largo, alrededor de 5 cm (2 in), denso, áspero y duro, sin aspecto de pelo alámbrico.
COLOR Todos los colores normales en perros de caza o rastreadores.
CARACTERÍSTICAS Cabeza de trazos limpios e imponente, ojos inteligentes, orejas largas y colgantes –rasgo característico de esta raza– alineadas con los ojos, pecho profundo con una caja torácica bien desarrollada, cola empopada y alta que suele llevar levantada cuando está en movimiento o en estado de alerta.

TAMAÑO Alzada: machos 60-68 cm (24-27 in), hembras 58-66 cm (23-26 in). Peso: machos 34-52 kg (75-115 lb), hembras 30-45 kg (66-100 lb).
CUIDADOS Puede dormir fuera de casa. Necesi mucho ejercicio, acicalar su pelaje enmarañad una vez por semana y, si es necesario, bañarle
TEMPERAMENTO Amistoso, aunque testarudo. Puede llegar a ser destructivo si es desobediente.

BEAGLE

El Beagle existe en el Reino Unido al menos desde el reinado de Enrique VIII (1491-1547). Algunas veces es conocido como «el Beagle cantante»; esta raza no es ruidosa dentro de casa y reserva su voz para las persecuciones.

PELAJE Corto, denso y resistente a climas duros.
COLOR Cualquier color característico de perros sabuesos que no sea el hígado; la punta de la cola es blanca.
CARACTERÍSTICAS Cabeza alargada y potente sin llegar a ser tosca; ojos oscuros o color avellana; orejas largas apuntadas; los de pura raza son de porte equilibrado y cuerpo nivelado; cola fuerte y alargada.
TAMAÑO Alzada: dos variedades de EE.UU. por debajo de los 33 cm (13 in) y 33-37,5 cm (13-15 in); Reino Unido alzada hasta la cruz 33-40 cm (13-16 in). Peso: 8-13,5 kg (18-30 lb).
CUIDADOS El pelaje necesita de pocos cuidados o de ninguno; los que son mascotas familiares precisan una cantidad moderada de ejercicio.
TEMPERAMENTO Afectuoso y decidido.

WHIPPET

El whippet, originado en el siglo XIX en Gran Bretaña, es la raza más rápida del mundo; alcanza velocidades de hasta 60 km/h (37 mph).

PELAJE Corto, fino y tupido.
COLOR Cualquier color o mezcla de colores.
CARACTERÍSTICAS Cabeza alargada y de finos trazos; ojos vidriosos y ovalados con expresión de alerta; orejas arrosadas; pecho muy profundo con una gran cavidad cardíaca; cola alargada terminada en punta sin aspecto plumoso.
TAMAÑO Alzada: machos 47-51 cm (18,5-20 in), hembras 44-47 cm (17,5-18,5 in). Peso: alrededor de los 12,5 kg (28 lb).
CUIDADOS Es perro de interior; necesita mucho ejercicio; el pelaje solamente precisa un cepillado y un frotado.
TEMPERAMENTO Afectuoso y vivaz.

WOLFHOUND IRLANDES

Con más de 2000 años desde su aparición, el irish wolfhound –el más alto del mundo– es una raza muy popular.

PELAJE Áspero y duro.
COLOR Gris, gris metalizado, manchado, rojo, negro, blanco puro, beige o trigo.
CARACTERÍSTICAS Cabeza alta, alargada y potente, ojos oscuros, orejas arrosadas y pequeñas, pecho muy profundo, cola larga y ligeramente curvada.
TAMAÑO Alzada mínima: machos 80 cm (31 in), hembras 75 cm (30 in). Peso mínimo: machos 55 kg (12 lb), hembras 48 kg (106 lb).
CUIDADOS Necesita un ejercicio moderado; puede ser de interior.
TEMPERAMENTO Manso, tranquilo y amistoso.

SABUESO BASSET

Se desarrolló en Gran Bretaña en 1800 para la caza de mucha extensión de terreno.

PELAJE Fuerte, terso, corto y denso.
COLOR Generalmente negro, blanco y beige o limón y blanco.
CARACTERÍSTICAS Cabeza abovedada con un *stop* algo pronunciado; orejas largas y bajas; ojos tristones y caídos; cuerpo alargado; cola empopada y bien asentada.
TAMAÑO Alzada hasta la cruz: 33-35 cm (13-14 in). Peso: 18-27 kg (40-60 lb).
CUIDADOS Es importante que vivan en una parcela vallada o un recinto protegido pues tienden a deambular o vagar.
TEMPERAMENTO Enérgico e independiente.

;ABUESO DE SAN HUMBERTO (BLOODHOUND)

El bloodhoud, también conocido por sabueso de san Humberto, es una de las razas de sabuesos más antigua. Se originó en Francia en el siglo IX, pero su antecesor parece que fue desarrollado en Mesopotamia entre el 2000-1000 a. de C. Los bloodhounds tienen el olfato más agudo de todos los animales domésticos que existen y han sido utilizados tanto para seguir el rastro de personas perdidas como para la caza.

PELAJE Suave, corto y resistente al frío.
COLOR Negro y café, hígado y beige, rojo.
ARACTERÍSTICAS Cabeza estrecha en omparación con su longitud y alargada en proporción al resto del cuerpo; ojos medianos; orejas finas y bajas; costillas bien desarrolladas; cola empopada, larga y gruesa, acabada en punta.

TAMAÑO Alzada: machos 64-68 cm (25-27 in), hembras 58-64 cm (23-25 in). Peso: machos 41-50 kg (90-110 lb), hembras 36-45 kg (80-100 lb).

CUIDADOS Perro activo que necesita mucho ejercicio. Debe ser acicalado diariamente con un guante.

TEMPERAMENTO Decidido, afectuoso y vivaz. Tiene un ladrido muy peculiar.

TECKEL (DACHSHUND)

Dachshund de pelo
largo (izquierda).

Hay seis variedades de dachshund,
también conocido como teckel o badger
hound (sabueso de tejón). Son: el teckel
de pelo liso, el de pelo largo y el de pelo
duro. Cada variedad puede, a su vez,
presentarse en su tamaño enano y
miniatura. El dachshund viene de razas
alemanas de perros de caza muy antiguas,
como el bibarhund y se dice que ha
existido desde el siglo XVI.
Originariamente sólo existía una
variedad: el dachshund de pelo liso que se
caracteriza por los pliegues de las patas,
rasgo raramente visto en la actualidad. El
de pelo duro fue producido por la
introducción del dandie dinmont y de
otras sangres de terriers, mientras que el
de pelo largo fue concebido gracias a la
mezcla con un stöber alemán, perro
cazador, y del cruce entre un dachshund
de pelo liso y un spaniel.

Dachshund de pelo duro (arriba).

PELAJE De pelo liso: denso, corto y suave. De pelo largo: suave y liso aunque un poco ondulado. De pelo duro: corto, liso y áspero, con una larga capa interna.

COLOR Todos los colores, a excepción del blanco, están permitidos para exhibiciones; también se permite que tengan un pequeño parche en el pecho, aunque no es lo ideal; los moteados pueden incluir el color blanco, pero su cuerpo debería mostrar manchas en su totalidad.

CARACTERÍSTICAS Cabeza alargada, de apariencia cónica cuando se mira desde arriba, ojos medianos, orejas altas, cuerpo alargado y muy musculoso, la cola está alineada con la columna vertebral pero ligeramente curvada.

TAMAÑO Alzada: 13-23 cm (5-9 in). Peso: Enano EE.UU. 7-15 kg (15-33 lb), Reino Unido 9-12 kg (20-26 lb); Miniatura EE.UU. por debajo de los 5 kg (11 lb), Reino Unido alrededor de los 4,5 kg (10 lb).

CUIDADOS El de pelo liso necesita un cepillado diario con guante y con un paño suave. Los de pelo largo y de pelo duro deben ser cepillados y peinados. Los dachshundson son propensos a padecer de la espalda y normalmente no deberían de saltar ni hacerlo desde lugares altos.

TEMPERAMENTO Activo y decidido. Es una buena mascota familiar y un buen guardián; posee un fuerte ladrido para su tamaño.

Dachshund de pelo liso (abajo).

GALGO RUSO (BORZOI)

El borzoi, o galgo ruso, fue utilizado en la Rusia Imperial, en el siglo XVII, para cazar lobos; el borzoi perseguía a los lobos y los mordía en el pelaje pero sin matarlos. Enganchaba al lobo por el cuello y de una sacudida lo tiraba muriendo así fulminado. Originariamente existían muchos linajes de borzois, incluyendo el borzoi sudanés, pero el linaje que se desarrolló en Rusia fue la base del conocido en la actualidad. Su nombre viene de la palabra rusa *borzii*, que significa «veloz».

proporción con su tamaño; ojos oscuros con una expresión alerta e inteligente; orejas afiladas y pequeñas; pecho profundo y estrecho; cola larga.

TAMAÑO Alzada mínima hasta la cruz: machos 74 cm (29 in), hembras 68 cm (27 in). Peso: machos 34-48 kg (75-105 lb), hembras alrededor de los 7-9 kg (15-20 lb) o menos.

CUIDADOS Mantenerle apartado del ganado; el pelaje necesita poca atención.

TEMPERAMENTO Elegante, inteligente y fiel, pero de carácter reservado.

PELAJE Sedoso, liso y ondulado o ligeramente rizado; nunca lanoso.

COLOR Cualquier color es aceptado.

CARACTERÍSTICAS Cabeza alargada y delgada en

SALUKI

El saluki, que data de 3000 años a. de C., probablemente debe su nombre a la antigua ciudad de Saluk, en Yemen o a la ciudad de Seleukia en el antiguo imperio helénico de Siria. Es apreciado por el pueblo beduino para la caza de gacelas pero en el resto del mundo es considerado un perro de compañía y de exhibiciones caninas. Se le conoce también por los nombres de lebrel de gacelas, lebrel árabe de gacelas, greyhound oriental y greyhound persa.

PELAJE Suave y de textura sedosa.

COLOR Blanco, crema, beige, dorado, rojo, canoso, canoso plateado, rojizo canoso, tricolor (blanco, negro y beige) y de sus variaciones.

CARACTERÍSTICAS Cabeza alargada y estrecha; ojos oscuros de tono avellana; orejas largas y móviles, no demasiado bajas; dorso ligeramente alargado; huesos de la cadera fuertes y bastante separados entre sí; cola baja asentada en una suave y curvada pelvis.

TAMAÑO Alzada: 56-71 cm (22-28 in). Peso: 20-30 kg (44-66 lb).

CUIDADOS Necesita mucho ejercicio; su pelaje requiere acicalamiento diario con un cepillo y un guante quitapelos.

TEMPERAMENTO Leal, afectuoso y de confianza; se ha de controlar su instinto cazador cuando hay ganado cerca.

AFGANO

GREYHOUND

El afgano es una raza muy antigua, conocida por ser uno de los animales que viajó a bordo del Arca de Noé. Es miembro de la familia de los lebreles grises, sus antecesores encontraron el camino a Afganistán desde Persia (Irán), donde la raza desarrolló su grueso pelaje para resistir la adversidad del clima.

PELAJE Largo y fino.

COLOR Todos los colores son aceptados.

CARACTERÍSTICAS Cabeza alargada y no muy estrecha; ojos preferentemente oscuros, aunque los de color dorado no son subestimados; orejas en disposición baja y trasera; dorso moderadamente alargado; cola no muy corta.

TAMAÑO Alzada: machos 68 cm (27 in), hembras 63 cm (25 in). Peso: machos 27 kg (60 lb), hembras 23 kg (50 lb).

CUIDADOS El pelaje necesita cuidados continuos.

TEMPERAMENTO Inteligente y distante pero afectuoso; generalmente de buen corazón.

El greyhound es, posiblemente, la raza más pura de todas las existentes en la Tierra, y presenta pocos cambios desde los perros representados en las tumbas de los faraones de Egipsto. Parece que fueron los celtas quienes lo trajeron a Gran Bretaña.

PELAJE Fino y tupido.

COLOR Negro, blanco, rojo, azul, beige, manchado tipo gamo, o cualquiera de estos colores interrumpidos por pinceladas blancas.

CARACTERÍSTICAS Cabeza alargada y moderadamente ancha; ojos brillantes e inteligentes, orejas pequeñas y de forma cerrada, cuello largo y elegante, pecho profundo, cola larga y baja.

TAMAÑO Alzada: machos 71-76 cm (28-30 in), hembras 68-71 cm (27-28 in). Peso: machos alrededor de los 30-32 kg (66-70 lb); hembras 27-30 kg (60-66 lb).

CUIDADOS Necesita un cepillado diario y una cantida moderada de ejercicio periódico sobre suelo duro.

TEMPERAMENTO Fiel y amistoso.

RHODESIAN RIDGEBACK

Toma su nombre de Rhodesia, la actual Zimbabwe, en el sur de África; esta raza tiene una cresta de pelo que recorre su dorso a lo largo hasta la mitad. Es también conocido como perro león porque muchos fueron utilizados para la caza del león.

PELAJE Corto, denso, oleoso y brillante.
COLOR De dorado claro a dorado rojizo.
CARACTERÍSTICAS Cráneo aplanado y ancho entre las orejas; ojos redondeados moderadamente separados, orejas más bien altas, pecho muy profundo pero no muy ancho, cola fuerte en su base y acabada en punta.
TAMAÑO Alzada hasta la cruz: machos 64-67 cm (25-26,5 in), hembras 61-66 cm (24-26 in). Peso: 30-34 kg (66-75 lb).
CUIDADOS Requiere mucho ejercicio y un cepillado diario con guante.
TEMPERAMENTO Obediente, bueno con los niños y protege a su amo con su vida en caso de ser necesario.

BASENJI

El basenji, que significa «chaparral», viene del África Central. Es famoso por ser el único perro que no ladra.

PELAJE Corto, lustroso, tupido y muy fino.
COLOR Negro, rojo, o negro y beige; todos pueden tener una mancha blanca en el pecho, pies y extremo de la cola; mancha blanca en el cuello y patas aunque es opcional; negro y beige salpicado de café; y negro, beige y máscara de color blanco.
CARACTERÍSTICAS Ojos almendrados y oscuros; orejas pequeñas, puntiagudas y erectas; cuerpo muy equilibrado con un dorso corto y nivelado; cola alta, enroscada sobre su dorso y que cae pegada, con uno o dos rizos.
TAMAÑO Alzada: 40-43 cm (16-17 in). Peso: 9,5-11 kg (21-24 lb).
CUIDADOS Necesita ser frotado diariamente.
TEMPERAMENTO Juguetón, cariñoso e inteligente.

BULL TERRIER

STAFFORDSHIRE BULL TERRIER

El bull terrier es el resultado del cruce entre un antiguo bulldog inglés y un terrier. Originariamente era un perro de lucha.

PELAJE Corto y aplastado.
COLOR Blanco puro, manchado, o tricolor negro, beige y rojo.
CARACTERÍSTICAS Cabeza alargada que se curva hacia abajo hasta la punta de su morro; ojos que parecen finos o estrechos; orejas pequeñas, finas y próxima; cola corta y baja que suele llevar horizontal.
TAMAÑO Alzada: 53-56 cm (21-22 in). Peso: 23,5-28 kg (52-62 lb).
CUIDADOS Precisa de un entrenamiento cuidadoso y de un amo dedicado. Su pelaje corto y pegado es fácil de cuidar.
TEMPERAMENTO A pesar de su apariencia feroz y de su fortaleza, es una mascota leal y obediente. Las hembras, en particular, suelen ser de confianza con los niños.

Desciende del cruce entre un bulldog inglés y un terrier en los tiempos en que las luchas caninas se consideraban un deporte en Gran Bretaña.

PELAJE Terso, corto y denso.
COLOR Rojo, beige, blanco, negro o azul o cualquiera de éstos con blanco. Cualquier gama de manchados o manchados de blanco.
CARACTERÍSTICAS Cráneo corto y ancho, orejas en forma de rosa, semiaguzadas; ojos preferiblemente oscuros; porte compacto; cola mediana.
TAMAÑO Alzada: 36-41 cm (14-16 in). Peso: 11-17 kg (24-37 lb).
CUIDADOS Fácil de cuidar, sólo necesita un cepillado regular.
TEMPERAMENTO Afectuoso y buen compañero.

AIREDALE TERRIER

El Airedale es el miembro más grande de los terriers. Originado del cruce de un terrier de trabajo con un otterhound. Es un experto perseguidor de ratas y patos y puede ser entrenado para la caza.

PELAJE Duro, denso y alámbrico.

COLOR La silla de montar negra o canosa se extiende sobre la parte superior de la cola y cuello; el resto es de color fuego.

CARACTERÍSTICAS Cráneo alargado y aplanado, ojos pequeños y oscuros, orejas en forma de V, pecho profundo, dorso nivelado y corto, cola alta que habitualmente se recorta.

TAMAÑO Alzada: machos 58-61 cm (23-24 in), hembras 56-58 cm (22-23 in). Peso: alrededor de los 20 kg (44 lb).

CUIDADOS Necesita mucho ejercicio. Si quieres llevarlo a una exposición, necesitará que le corten el pelo dos veces al año.

TEMPERAMENTO Extremadamente leal, bueno con los niños y excelente guardián.

BEDLINGTON TERRIER

Conocido por que acompañaba a los cazadores; se cree que el greyhound o el whippet fueron bedlington terrier.

PELAJE Grueso y de aspecto hiloso.

COLOR Azul, hígado o arena, con o sin canela.

CARACTERÍSTICAS Cráneo estrecho; ojos pequeños, profundos y brillantes, orejas medianas en forma de avellana, cuerpo musculoso, cola moderadamente larga, terminada en punta.

TAMAÑO Alzada hasta la cruz: machos 40-44 cm (16-17,5 in), hembras 38-40 cm (15-16 in). Peso: 8-10,5 kg (17,5-23 lb).

CUIDADOS El pelaje ha de ser esquilado periódicamente y requiere ser acicalado a diario.

TEMPERAMENTO Afectuoso, divertido y fácil de entrenar.

FOX TERRIER

De pelo liso

El fox terrier de pelo liso empezó como perro de cuadra; su trabajo específico era la caza de alimañas. Probablemente es descendiente de terriers de los condados ingleses de Cheshire y Shropshire, con algo de sangre beagle añadida. El de pelo duro es un gran conejero cuyo origen son las zonas mineras de Durham y Derbyshire en Inglaterra y Gales. Como sus nombres indican, también eran perseguidores de zorros. Durante muchos años, los fox terriers de pelo liso y de pelo duro fueron cruzados entre sí, sin tener en cuenta su pelaje. Los mejores ejemplares de pelo duro fueron el resultado del cruce entre un fox terrier de pelo liso, llamado *Jock*, con una hembra de antecesores desconocidos pero de pelo duro, llamada *Trap*. El primer registro del fox terrier de pelo liso data de 1876, tres años después de la fundación de la Sociedad Británica de Razas, aunque la confirmación de las dos razas parece datar de la misma fecha. El de pelo duro es más popular que su pariente de pelo liso, raro si no es en exhibiciones.

De pelo duro

PELAJE De pelo liso: liso, aplanado y terso. De pelo duro: denso y de aspecto alámbrico.

COLOR De pelo liso: blanco; blanco con manchas negras o canela (el blanco debe predominar) manchado, las manchas de color ojo o hígado no suelen ser muy deseadas. De pelo duro: el blanco debe predominar con manchas negras y canela; manchado; las manchas de color rojo, hígado o azul pizarra no suelen ser deseadas.

CARACTERÍSTICAS De pelo liso: cráneo aplanado moderadamente estrecho; ojos pequeños, oscuros y hundidos; orejas pequeñas en forma de V dobladas en dirección a las mejillas; pecho profundo, no ancho; cola que se amputa habitualmente. De pelo duro: la línea superior del cráneo es casi plana; ojos brillantes y oscuros; orejas de espesor medio y en forma de V; cuerpo corto, fuerte y de dorso equilibrado; cola amputada.

TAMAÑO Alzada máxima hasta la cruz: machos 39 cm (15,5 in), hembras un poco menores. Peso: 7-8 kg (15,5-17,5 lb).

CUIDADOS El de pelo liso necesita acicalamiento diario con un cepillo duro y, en caso de ser presentado a concurso, su pelaje debería ser marcado y cortado previamente. El de pelo duro precisa ser esquilado a mano tres veces al año y ser acicalado regularmente.

TEMPERAMENTO Afectuoso, entrenable y compañero ideal de niños pequeños.

LAKELAND TERRIER

Original de Cumberland en Inglaterra, el lakeland terrier se desarrolló a partir de varios cruces entre terriers, con el fin de cuidar ovejas.

PELAJE Denso y áspero, con una capa interna resistente a la lluvia.

COLOR Negro y canela, azul y canela, rojo, dorado, rojo canoso, hígado, azul o negro.

CARACTERÍSTICAS Cráneo aplananado, ojos refinados color avellana u oscuros, pecho razonablemente estrecho, cola normalmente cortada.

TAMAÑO Alzada máxima hasta los hombros: 37 cm (14,5 in). Peso: muchos alrededor de los 8 kg (17,5 lb), hembras alrededor de los 7 kg (15,5 lb).

CUIDADOS El pelaje precisa un cepillado diario y, en caso de ser exhibido, necesita ser trasquilado tres veces al año.

TEMPERAMENTO Valiente, inteligente y resistente es un buen perro guardián y una buena mascota.

MANCHESTER TERRIER

Los antecesores del manchester terrier fueron terriers deportistas que mataban ratas con el fin de entretener a los espectadores, a mediados del siglo XIX. Se le relaciona con el whippet y con el dachshund.

PELAJE Tupido, terso, corto y lustroso.

COLOR Negro azabache y canela rojizo.

CARACTERÍSTICAS Cráneo alargado, estrecho y aplanado; ojos pequeños, oscuros y saltones; orejas pequeñas y en forma de V; pecho estrecho y profundo; cola corta, asentada donde termina el arqueamiento de la espalda.

TAMAÑO Alzada hasta los hombros: machos alrededor de 40 cm (16 in), hembras 38 cm (15 in). Peso: 5,5-10 kg (12-22 lb).

CUIDADOS El único cuidado que necesita es un cepillado y un frotamiento en seco.

TEMPERAMENTO Vivaz, fiel y longevo; es una buena mascota a pesar de su pasado deportivo.

GLEN OF IMAAL TERRIER

TERRIER IRLANDÉS (IRISH TERRIER)

ste paticorto terrier proviene del ondado de Wicklow, en Irlanda. Originalmente fue utilizado como xterminador de alimañas; es, hoy en día, onsiderado una mascota familiar o un rabajador en granjas irlandesas.

ELAJE De longitud media y áspera textura, on un suave pelaje interno.

OLOR Azul, manchado o color trigo.

ARACTERÍSTICAS Cabeza ancha y alargada con na frente dura; ojos marrones; orejas equeñas echadas hacia delante cuando está ento o alerta; mandíbulas potentes; cuerpo e mediana longitud y profundo; cola dura en u base, bien asentada y, a veces, recortada.

AMAÑO Alzada: alrededor de 35 cm (14 in). eso: alrededor de los 16 kg (35 lb).

UIDADOS Manteniendo su aspecto lanudo sólo ecesita un cepillado diario.

EMPERAMENTO Afectuoso, valiente y juguetón.

Algunos opinan que el irish terrier es una versión pequeña del irish wolfhound, pero parece más cierto que desciende de terriers negros y canela.

PELAJE Duro y áspero.

COLOR Coloreado en su totalidad, preferiblemente de color rojo, rojo dorado o rojo-amarillo.

CARACTERÍSTICAS Cabeza alargada, aplanada y estrecha entre sus orejas; ojos pequeños y oscuros; orejas pequeñas en forma de V; cola profunda y musculosa.

TAMAÑO Alzada hasta los hombros: alrededor de los 46 cm (18 in). Peso: 11,5-12 kg (25-26,5 lb).

CUIDADOS Su pelaje debería cortarse dos o tres veces al año y acicalarse regularmente.

TEMPERAMENTO Puede ser entrenado para la caza y llega a ser una afectuosa mascota.

BORDER TERRIER

Este es el más pequeño de los terriers dedicado a trabajos. Fue criado a mediados del siglo XIX para acompañar a los cazadores, ya que su pequeño tamaño era ideal para hacer salir a los zorros de su madriguera.

PELAJE Duro y denso, con una capa interna todavía más densa.

COLOR Rojo, dorado, canoso y canela, azul y canela.

CARACTERÍSTICAS Ojos oscuros de mirada penetrante; orejas pequeñas en forma de V; cuerpo estrecho, bajo y bastante alargado; cola moderadamente corta.

TAMAÑO Alzada: alrededor de los 25 cm (10 in). Peso: machos 6-7 kg (13-15,5 lb), hembras 5-6,5 kg (11-14 lb).

CUIDADOS Necesita pocos cuidados.

TEMPERAMENTO Es una buena mascota. Generalmente le encantan los niños, goza de larga vida, puede pasear muchos kilómetros y es un buen perro guardián.

CAIRN TERRIER

Este popular terrier escocés ha sido conocido y utilizado durante 150 años como exterminador de alimañas. Su nombre procede de la palabra escocesa *cairns* (montón de piedras), donde se refugiaban las alimañas pequeñas.

PELAJE Profuso y áspero pero sin llegar a ser burdo, con un pelaje interior corto, suave y tupido

COLOR Crema, dorado, rojo, gris tirando a negro; también son aceptados los manchados.

CARACTERÍSTICAS Cabeza pequeña; ojos separados; orejas pequeñas y puntiagudas; dorso bajo; cola corta y equilibrada.

TAMAÑO Alzada: 24-30 cm (9,5-12 in). Peso: 6.7,5 kg (13-16 lb).

CUIDADOS Resistente; le encanta hacer mucho ejercicio. Necesita pocos acicalamientos, excepto el de ser peinado y despojado del exceso de pelo plumoso.

TEMPERAMENTO Inteligente, despierto, afectuoso y excelente exterminador de alimañas o bichos.

DANDIE DINMONT TERRIER

WELSH TERRIER (TERRIER GALES)

e cree que está emparentado con el skye errier y con el terrier escocés. Esta raza ebe su nombre a haber sido mencionada n la novela *Guy Mannering* de Sir Walter cott, donde existía un personaje con este mismo nombre. Fue criado para la caza e zorros y tejones.

El welsh terrier fue popular para cazar tejones, nutrias y zorros. Originalmente hubo dos linajes: celtas e ingleses. El welsh terrier actual desciende de la rama de los celtas, que hicieron uso de los antiguos terriers negro y canela.

ELAJE El interno es suave e hiloso y el externo s duro y áspero, y puedes sentir como un hisporroteo al tocarlo.

OLOR Pimienta (de negro azulado a gris pálido lateado) o mostaza (de marrón rojizo a canela laro).

ARACTERÍSTICAS Cabeza de porte fuerte, grande ero proporcionada con el tamaño corporal, ojos e color avellana oscuros, orejas colgantes, cuerpo largado, robusto y flexible; cola más bien corta.

AMAÑO Alzada hasta los hombros: 20-28 cm 3-11 in). Peso: 8-11 kg (18-24 lb).

UIDADOS Es feliz con la cantidad de ejercicio ue su amo esté dispuesto a darle. Fácil de cicalar con un cepillo duro y con un peine.

EMPERAMENTO Inteligente, afectuoso y juguetón.

PELAJE Abundante, alámbrico, duro y tupido.

COLOR Negro y canela son los preferidos; también negro, gris canoso y canela.

CARACTERÍSTICAS Cabeza aplanada y moderadamente ancha entre las orejas; ojos pequeños, oscuros y hundidos; orejas pequeñas en forma de V que suele llevar hacia adelante, patas musculosas, cola bien asentada y generalmente amputada.

TAMAÑO Alzada máxima hasta los hombros: 39 cm (15,5 in). Peso: 9-10 kg (20-22 lb).

CUIDADOS Disfruta si hace mucho ejercicio, y su pelaje necesita ser rapado dos veces al año.

TEMPERAMENTO Perro divertido, enérgico, afectuoso y buen compañero de los niños.

NORFOLK TERRIER

El norfolk terrier fue originariamente clasificado como norwich terrier pero ganó su reconocimiento oficial como raza independiente en 1964; sin embargo, en los Estados Unidos no fue reconocido hasta 1979. Ambas razas se originaron en East Anglia, en Inglaterra, y son una mezcla de cairn, border e irish terriers. La única diferencia entre el norfolk y el norwich, actualmente, son las orejas el norfolk tiene orejas caídas dobladas hacia adelante y el norwich tiene orejas erectas y puntiagudas.

PELAJE Duro, alámbrico y liso.
COLOR Todas las gamas del rojo, dorado, negro y canela, o gris canoso. Las manchas blancas y las motas son despreciadas en perros de exhibiciones.
CARACTERÍSTICAS Cráneo ancho; ojos ovalados y hundidos; orejas de tamaño medio y en foma de V, ligeramente redondeadas en sus puntas y que caen hacia adelante; cuerpo compacto.
TAMAÑO Alzada hasta la cruz: alrededor de los 25 cm (10 in). Peso: 5-5,5 kg (11-12 lb).
CUIDADOS Necesita mucho ejercicio. Requiere ser cepillado diariamente y ser recortado en caso de asistir a exhibiciones.
TEMPERAMENTO Sociable, resistente y adorable perrillo. A pesar de pertenecer a los terriers más pequeños, es despierto y valeroso, bueno con los niños pero con unos prontos imprevisibles. Buena mascota familiar.

NORWICH TERRIER

El norwich terrier es idéntico al norfolk excepto por la forma de sus orejas, que son puntiagudas y erectas. Como el norfolk, tiene su origen en East Anglia y fue muy popular en el siglo XIX entre los estudiantes de la Universidad de Cambridge. Los antecesores de esta raza, probablemente incluyen los cairn, border e irish terriers. El norwich y el norfolk son razas típicamente terriers, ideales para la caza de pequeñas presas en campos abiertos y tendentes a desaparecer por madrigueras de conejos cuando van de paseo.

PELAJE Duro, alámbrico y liso. El pelaje que le recubre los hombros tiende a ser más áspero.

COLOR Todas las gamas del rojo, dorado, negro canela, o gris canoso. Las manchas y marcas blancas no son deseadas en los perros de exhibición.

CARACTERÍSTICAS Hocico fuerte y cuneiforme; ojos ovalados, pequeños y oscuros; orejas erectas y bastante distanciadas en la parte superior del cráneo; cuello robusto; dorso corto; la cola puede ser amputada.

TAMAÑO Alzada hasta la cruz: alrededor de los 25 cm (10 in). Peso: 4,5-5,5 kg (10-12 lb).

CUIDADOS Disfrutar de un ejercicio regular. Precisa ser cepillado diariamente y algún corte de pelo, en caso de ser exhibido.

TEMPERAMENTO Adaptable, resistente y adorable perro. Es despierto y valeroso, bueno con los niños aunque con temperamento. Buena mascota familiar.

SKYE TERRIER

De la isla de Skye, en Escocia, donde se desarrolló para perseguir y descubrir tejones, zorros, nutrias y conejos.

PELAJE Largo, duro y liso, con un pelaje interior tupido, corto, suave y lanoso.
COLOR Negro, gris oscuro o claro, beige o crema, todos con alguna parte negra.
CARACTERÍSTICAS Cabeza y cráneo alargados y potentes; ojos marrones; orejas erectas o caídas; cuerpo alargado y bajo.
TAMAÑO Alzada hasta los hombros: machos 25 cm (10 in), hembras 24 cm (9,5 in). Peso: alrededor de los 11,5 kg (25 lb).
CUIDADOS El largo y elegante pelaje precisa muchos cuidados, especialmente porque es un perro al que le encantan los paseos campestres.
TEMPERAMENTO Tiende a sospechar de extraños y no suele mostrar interés por alguien si no es por su amo.

WEST HIGHLAND TERRIER

Una de las razas puras más populares entre los perros, el *westie*, fue originalmente criado en los Highland Occidentales de Escocia (las Tierras Altas del Oeste de Escocia) para cazar alimañas.

PELAJE Áspero y sin rizos, con un corto, tupido, suave y peludo pelaje interior.
COLOR Blanco.
CARACTERÍSTICAS Cabeza ligeramente abovedada, ojos bastante separados, orejas pequeñas y erectas que lleva firmemente, cuerpo compacto con un dorso equilibrado y ancho, lomo fuerte, cola de una longitud alrededor de 15 cm (6 in).
TAMAÑO Alzada: machos alrededor de los 28 cm (11 in), hembras alrededor de los 25 cm (10 in). Peso: 7-10 kg (15-22 lb).
CUIDADOS Necesita un cepillado regular para conservar su blanco pelaje limpio; los perros de exhibición precisan ser rapados y recortados.
TEMPERAMENTO Valiente y resistente, se lleva bien con los niños.

SCOTISH TERRIER (T. ESCOCÉS)

SEALYHAM TERRIER

El terrier escocés, o *scottie*, es original de Aberdeen (Escocia) para cazar alimañas exclusivamente.

PELAJE Afilado, denso y duro con una capa interna corta, densa y suave.

COLOR Negro, dorado o cualquier clase de manchado.

CARACTERÍSTICAS Cabeza y cráneo alargados, pero sin llegar a ser desproporcionados respecto a su tamaño, ojos almendrados, orejas finas de textura suave, cola de longitud media.

TAMAÑO Alzada hasta la cruz: 25-28 cm (10-11 in). Peso: 8,5-10,5 kg (19-23 lb).

CUIDADOS Le encanta andar y jugar a la pelota. Necesita un cepillado diario. Sus barbas precisan un suave cepillado y peinado, y su pelaje debería raparse dos veces al año.

TEMPERAMENTO Juguetón y deportista, tiende a ser perro de una o dos personas. Carácter confiado aunque no recibe a gusto a los extraños.

El origen de esta raza se remonta al siglo XV en Gales, donde fue criado para cavar madrigueras de tejones y cazar con sabuesos.

PELAJE Largo, duro y áspero, con un pelaje interno resistente a las lluvias.

COLOR Todo blanco, o blanco con limón, marrón, azul o con manchas distintivas en la cabeza y orejas.

CARACTERÍSTICAS Cabeza ligeramente abovedada, ojos oscuros y bien dispuestos, orejas de tamaño medio, cuerpo de mediana longitud, cola que suele llevar erecta.

TAMAÑO Alzada máxima hasta los hombros: 31 cm (12 in). Peso: machos alrededor de los 9 kg (20 lb), hembras alrededor de los 8kg (18 lb).

CUIDADOS Necesita un cepillado regular y, en caso de ser exhibido, se le deberá hacer un buen rapado.

TEMPERAMENTO Un fino perro de exhibiciones y buena mascota familiar; excelente con los niños, aunque no duda en pelearse con otros perros.

CHIHUAHUA

YORKSHIRE TERRIER

El **Chihuahua** es el perro más pequeño del mundo y debe su nombre a su homónimo estado *mejicano*. Muchos creen que fue considerado perro sagrado por los incas.

PELAJE De pelo largo: largo y suave. De pelo liso: corto, denso y suave.
COLOR De cualquier color o mezcla de colores.
CARACTERÍSTICAS Cabeza abovedada y amanzanada, orejas grandes y llamativas, ojos grandes y redondeados, dorso nivelado, cola alta y curvada sobre su dorso.
TAMAÑO Alzada: 16-20 cm (6,5-8 in). Peso: hasta los 2,5 kg (6 lb).
CUIDADOS Fácil de cuidar ya que necesita solamente, un cepillado y peinado diario.
TEMPERAMENTO Inteligente, afectuoso y posesivo. Tiene mucho nervio y puede ser un buen perro guardián miniatura.

Uno de los perros miniatura más populares, el *yorkie* es una raza relativamente reciente que se desarrolla en Yorkshire (Inglaterra) en los últimos 100 años.

PELAJE Lustroso, fino y sedoso.
COLOR Azul acero oscuro que se extiende desde la parte trasera de la cabeza hasta la raíz de la cola; la cara, pecho y pies son de color canela o café claro.
CARACTERÍSTICAS Cabeza pequeña, aplanada por la parte superior; ojos medianos, oscuros y vivarachos; orejas pequeñas, erectas y en forma de V; cuerpo compacto, cola recortada por la mitad.
TAMAÑO Alzada: alrededor de los 23 cm (9 in). Peso: no excede de 3 kg (7 lb) si va a ser exhibido en muestras.
CUIDADOS Necesita el acicalamiento de un experto en caso de ser exhibido.
TEMPERAMENTO Mandón, afectuoso, despierto y valiente.

TERRIER INGLÉS MINIATURA

El terrier inglés miniatura, se desarrolló a partir de los ejemplares más pequeños del terrier de Manchester, conservando muchas cualidades de trabajo de perros de mayor tamaño.

PELAJE Grueso, tupido y lustroso.

COLOR Negro y fuego.

CARACTERÍSTICAS Cabeza alargada y estrecha; ojos que van de oscuro a negro puro; orejas en forma de llama, ligeramente apuntadas en su final; cuerpo compacto; cola gruesa en la base y que finaliza en punta.

TAMAÑO Alzada hasta los hombros: 25-30 cm (10-12 in). Peso: 2,5-4 kg (6-9 lb).

CUIDADOS Necesita ser cepillado diariamente y ser frotado para abrillantar su pelaje.

TEMPERAMENTO Escaso, a no ser en exhibiciones; compañero cariñoso e inteligente. Bueno con los niños, pero tiende a ser perro de una sola persona. Aún conserva la habilidad para cazar alimañas.

LÖWCHEN

También conocido por pequeño perro león, el löwchen es miembro de la familia bichon; se estableció en España y Francia a partir del siglo XVI.

PELAJE Moderadamente largo y ondulado.

COLOR Cualquier color o combinación de colores.

CARACTERÍSTICAS Cráneo ancho y corto; orejas largas y colgantes, bien dispuestas en los márgenes de la cabeza; ojos redondeados y oscuros con una mirada inteligente; cuerpo corto y fuerte; cola mediana que normalmente se recorta para que el pelaje adquiera un aspecto plumoso.

TAMAÑO Alzada hasta la cruz: 25-33 cm (10-13 in). Peso: 3,5-8 kg (8-18 lb).

CUIDADOS Requiere ser cepillado diariamente. En caso de presentarse en exhibiciones, conviene seguir las instrucciones adecuadas para el corte del pelo.

TEMPERAMENTO Afectuoso, inteligente y despierto. Popular en las exhibiciones, aunque es raro verle paseando en un parque. Disfruta de la vida como mascota, si tiene oportunidad.

BICHON FRISE

Parecido al poodle miniatura, se cree que el bichon frise desciende del perro de agua francés, el barbet; su nombre procede del diminutivo de *barbichon*. También se le conoce como perro de Tenerife pues se dice que fue introducido en Tenerife (Islas Canarias) en los veleros del siglo XIV.

PELAJE Largo y rizado.
COLOR Blanco, crema o albaricoque.
CARACTERÍSTICAS Orejas largas que cuelgan pegadas a la cabeza; ojos redondeados y oscuros, contorneados de negro; cuello relativamente largo y arqueado; cola que lleva graciosamente curvada sobre el cuerpo.
TAMAÑO Alzada hasta la cruz: 23-28 cm (9-11 in). Peso: 3-6 kg (7-13 lb).
CUIDADOS Necesita un corte y afeitado de pelo regular, a fín de darle la forma deseada.
TEMPERAMENTO Feliz, amistoso y vivaz; es una adorable mascota. Disfruta de tanto ejercicio como su amo le quiera brindar.

PUG

Versión reducida del mastiff tibetano, el pug se originó, probablemente, en China. Fue llevado a Noruega alrededor del 1500.

PELAJE Fino, terso, corto y brillante.

COLOR Plateado, albaricoque, beige o negro; máscara y orejas negras, leves vestigios negros en la espalda.

CARACTERÍSTICAS Orejas arrosadas o de tipo botón; ojos muy grandes y oscuros; cuerpo corto y grueso; cola alta y enroscada sobre su lomo.

TAMAÑO Alzada: 25-28 cm (10-11 in). Peso: 6,5-8 kg (14-18 lb).

CUIDADOS Necesita ejercicio moderado, pero no debe ser forzado en climas cálidos. Precisa ser acicalado diariamente con un cepillo y frotado con un pañuelo de seda para abrillantar su pelo.

TEMPERAMENTO Perro feliz e inteligente, bueno con los niños.

BRUSSELS GRIFFON

Se concibe en Bruselas durante el siglo XVII con el fin de cazar alimañas; por su buen carácter, puede ser un gran compañero. En América y Gran Bretaña es exhibido junto con el petit brabancon de pelo liso.

PELAJE Brussels griffon: áspero, duro. Petit brabancon: suave, terso.

COLOR Rojo, negro o negro y beige, con manchas blancas.

CARACTERÍSTICAS Cabeza redondeada, ancha entre sus orejas; ojos y contornos de color negro; espalda corta y equilibrada; cola que suele llevar levantada y que, generalmente, se recorta.

TAMAÑO Alzada: 18-20 cm (7-8 in). Peso: 2-4,5 kg (4,5-10 lb).

CUIDADOS Su áspero pelaje requiere mucha atención; puede ser rasurado.

TEMPERAMENTO Inteligente y encantador, con una planta parecida a la de los terriers.

POMERANIA

Es miembro de la familia de los spitz del Círculo Ártico y fue importado por Gran Bretaña desde Alemania, hace 100 años.

PELAJE Largo, liso y áspero, con una suave y plumosa capa interna.

COLOR Todos los colores.

CARACTERÍSTICAS Cabeza y nariz de suaves líneas, ojos medianos, orejas erectas y pequeñas, dorso corto y cuerpo compacto, cola alta, doblada sobre el lomo y que lleva aplanada.

TAMAÑO Alzada: no excede de los 28 cm (11 in). Peso: 1-3 kg (2-6,5 lb).

CUIDADOS Le encantan los paseos largos. Es un fino ejemplar para exhibiciones, si se tiene tiempo de cuidar su suave pelaje, que requiere ser acicalado con un cepillo de púas y recortado periódicamente.

TEMPERAMENTO Activo, robusto, afectuoso y leal; le encantan los mimos. Bueno con los niños.

AFFENPINSCHER

Procedente de Alemania, el affenpinscher es el más pequeño de los pinschers y schnauzers; tiene un aspecto parecido al de un monito. Recuerda bastante al griffon de Bruselas.

PELAJE Enmarañado y grueso.

COLOR Negro o gris.

CARACTERÍSTICAS Mandíbula inferior ligeramente prominente; orejas pequeñas y altas, en general erectas; ojos redondeados, oscuros y saltones; espalda corta y recta; cola alta y es amputada en algunos países.

TAMAÑO Alzada: 24-28 cm (9,5-11 in). Peso: 3-4 kg (6,5-9 lb).

CUIDADOS Gracias a su grueso manto tendrás que peinarle diariamente.

TEMPERAMENTO Su desastroso aspecto natural le da una apariencia de inteligencia penetrante. Es un buen perro vigía y, por su parecido con los terriers, le gusta cazar conejos; es muy afectuoso.

PAPILLON (SPANIEL ENANO)

El nombre de papillon, que en francés significa «mariposa», hace referencia a sus orejas erectas. Una variedad idéntica, con orejas caídas, es conocida por phalène o «polilla». Original de España, se dice que desciende del spaniel enano del siglo XVI.

PELAJE Largo, abundante, plumoso y sedoso.

COLOR Blanco con manchas de cualquier color, excepto el hígado; blanco y negro con manchas canela sobre sus ojos, interior de las orejas, mejillas y bajo la base de la cola.

CARACTERÍSTICAS Cabeza ligeramente redondeada; orejas grandes y erectas; cuerpo ligeramente alargado; cola empenachada y larga.

TAMAÑO Alzada hasta la cruz: 20-28 cm (8-11 in). Peso: 4-4,5 kg (9-10 lb).

CUIDADOS Necesita un cepillado diario para mantener su pelo brillante.

TEMPERAMENTO Inteligente, normalmente goza de buena salud y ha demostrado ser un duro rival en competiciones de obediencia.

MALTÉS (BICHON MALTES)

Una de las razas europeas más antiguas, el maltés ha existido en la isla de Malta durante siglos, aunque también encontró su camino hacia China y Filipinas por vía comercial.

PELAJE Largo, liso y sedoso.

COLOR Blanco; en exhibiciones se permiten ejemplares con ligeras manchas limón.

CARACTERÍSTICAS Cráneo suavemente redondeado y ancho, hocico apuntado, orejas largas y empenachadas, ojos ovalados, cuerpo compacto, cola plumosa y larga que suele llevar doblada sobre el dorso.

TAMAÑO Alzada hasta la cruz: no excede de los 25 cm (10 in). Peso: 1,5-3 kg (4-7 lb).

CUIDADOS Necesita cuidados diarios.

TEMPERAMENTO Saludable, de larga vida, feliz, amoroso y bueno con los niños.

GREYHOUND ITALIANO

Existe una pequeña duda acerca de su descendencia. No se sabe con certeza si proviene del greyhound –una de las raza más antiguas del mundo. Es también conocido como pequeño lebrel italiano.

PELAJE Corto, fino y lustroso.

COLOR Negro, azul, crema, beige, rojo o blanco, o cualquiera de éstos, interrumpido por pinceladas blancas; blanco y cualquiera d los colores descritos anteriormente.

CARACTERÍSTICAS Cráneo alargado, aplanado y estrecho, orejas arrosadas y largas, ojos expresivos, pies parecidos a los de una liebre; cola larga y baja, que suele llevar caída.

TAMAÑO Alzada hasta la cruz: 32-38 cm (12,5-15 in). Peso: 2,5-4,5 kg (5,5-10 lb).

CUIDADOS Padece con el frío y necesita abrigo en invierno. Las patas son débiles y fáciles de romper. Fácil de acicalar; un frotado con un paño sedoso hace que su pelaje brille.

TEMPERAMENTO Es un perrillo sensible el que, pesar de su delicada apariencia, le encanta hacer mucho ejercicio.

PEQUINÉS

CHIN JAPONÉS

urante más de 1000 años este perro fue favorito de los emperadores japoneses, e decretaron la obligación de orarlo.

PELAJE Manto profuso; largo, suave y liso.

COLOR Blanco y negro o blanco (todas las gamas, incluyendo el sable, limón, y naranja); nunca tricolor.

CARACTERÍSTICAS Cabeza grande y redondeada, proporcionada con el tamaño de su cuerpo, hocico corto, orejas pequeñas y bastante distantes, ojos oscuros y grandes, cuerpo cuadrangular y compacto, cola bastante empenachada, alta y doblada sobre su dorso.

TAMAÑO Alzada: 23 cm (9 in); Peso: 1,5-3 kg (4-7 lb).

CUIDADOS Necesita un ejercicio moderado y un cepillado diario. No se debe forzar su resistencia física en climas cálidos.

TEMPERAMENTO Afectuoso, atractivo y muy pequeñajo, es un buen compañero de niños.

Antes de 1860, el pequinés sólo fue propiedad del emperador de China.

PELAJE Largo y liso; con doble manto siendo el externo algo enmarañado y el interno espeso.

COLOR Todos los colores, excepto el albino o hígado.

CARACTERÍSTICAS Cabeza, aplanada y anchota con un corto hocico y un *stop* muy pronunciado, cara aplastada, ojos redondeados, orejas plumosas, pecho robusto y cuello fuerte, cuerpo corto; con una peculiar manera de andar como si rodara.

TAMAÑO Alzada: 15-23 cm (6-9 in). Peso: 3-6 kg (7-13 lb)

CUIDADOS Precisa ser acicalado con mucho cuidado.

TEMPERAMENTO Inteligente y bravo.

KING CHARLES SPANIEL

La historia de esta raza se puede remontar al Japón, hacia el 2000 a. de C.

PELAJE Largo, sedoso y liso. Debe de ser ligeramente ondulado en caso de ser exhibido en alguna muestra.

COLOR Negro y canela (negro con manchas canela), rubí (rojo puro), blenheim (color avellana puro sobre blanco arena) y tricolor (negro y blanco con canela).

CARACTERÍSTICAS Cráneo grande y abovedado; ojos grandotes y saltones; *stop* profundo y bien definido; orejas bajas, largas y de aspecto plumoso; pecho ancho, y profundo; cola empenachada enrollada sobre el dorso.

TAMAÑO Alzada: alrededor de los 25 cm (10 in). Peso: 3,5-6,5 kg (8-14 lb).

CUIDADOS Necesita ser cepillado todos los días. Intente conservar limpia la zona que rodea a sus ojos.

TEMPERAMENTO Amistoso y obediente.

CAVALIER KING CHARLES SPANIEL

Como el king charles spaniel, el cavalier es original de Japón y su apariencia es similar al chin japonés. Era el favorito de Carlos II de Inglaterra (1630-1685).

PELAJE Largo, sedoso y sin de rizos.

COLOR Negro y canela (negro con manchas), rubí (rojo puro), blenheim (avellana puro sobre blanco arena) y tricolor (negro y blanco con manchas canela).

CARACTERÍSTICAS Cráneo achatado, orejas largas y altas, cuerpo corto, cola bastante empenachada.

TAMAÑO Alzada: 31-33 cm (12-13 in). Peso: 5,5-8 kg (12-17 lb).

CUIDADOS Uno de los perros miniatura más

SILKY TERRIER AUSTRALIANO

El silky terrier fue originalmente conocido como sydney silky. Se desarrolló durante el 1800 y es el resultado del cruce entre skyes, yorkshires y terriers australianos.

PELAJE Liso, fino y lustroso.

COLOR Azul y canela, gris, azul y canela con un moño azul plateado. Las puntas de los pelos deben ser más oscuras que sus raíces.

CARACTERÍSTICAS Pequeño y compacto, con un cuerpo ligeramente más largo que alto; cabeza de tamaño mediano, ojos pequeños, oscuros y redondeados, orejas pequeñas y en forma de V; cola por lo general amputada.

TAMAÑO Alzada media: 23 cm (9 in). Peso: 3,5-4,5 kg (8-10 lb).

CUIDADOS Necesita buenos paseos diarios; un cepillado y peinado periódicos. El pelaje de los que son para exhibiciones necesita mucha dedicación.

TEMPERAMENTO Carácter típicamente de terrier –vivaz, leal y buen guardián.

ndes, que debería disfrutar de una cantidad ·derada de ejercicio. También requiere una nción diaria de su pelaje con un cepillo de púas.

1PERAMENTO Obediente, bonachón e ·lulgente con los niños; es una excelente .scota familiar.

ÍNDICE

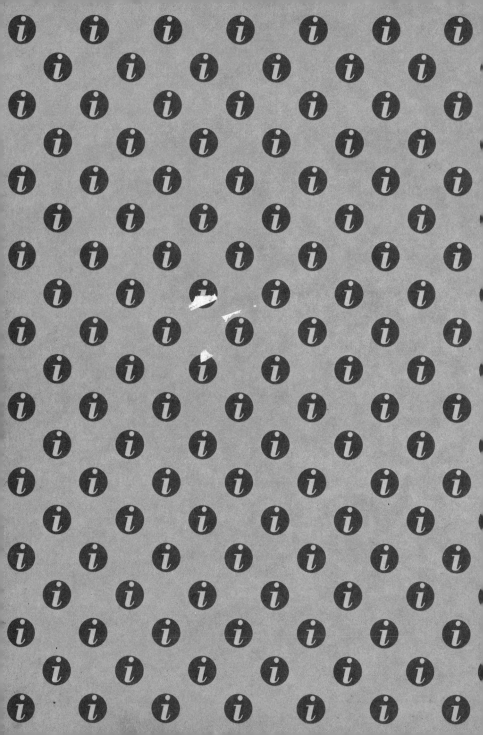